ARDAL Y PETHE

Hanes y Sarnau mewn Darluniau

CASGLWYD GAN
DWYSAN ROWLANDS

GWASG Carreg Gwalch

Cyflwynaf y gyfrol hon
i'm hŵyr a'm hwyresau:

Cerian, Erddin a Glian.

Argraffiad cyntaf: Rhagfyr 1994

ⓗ *Dwysan Rowlands*

Rhif Llyfr Safonol Rhyngwladol:
0-86381-305-4

Argraffwyd a chyhoeddwyd gan Wasg Carreg Gwalch,
Iard yr Orsaf, Llanrwst, Gwynedd.
☎ (01492) 642031

Cynnwys

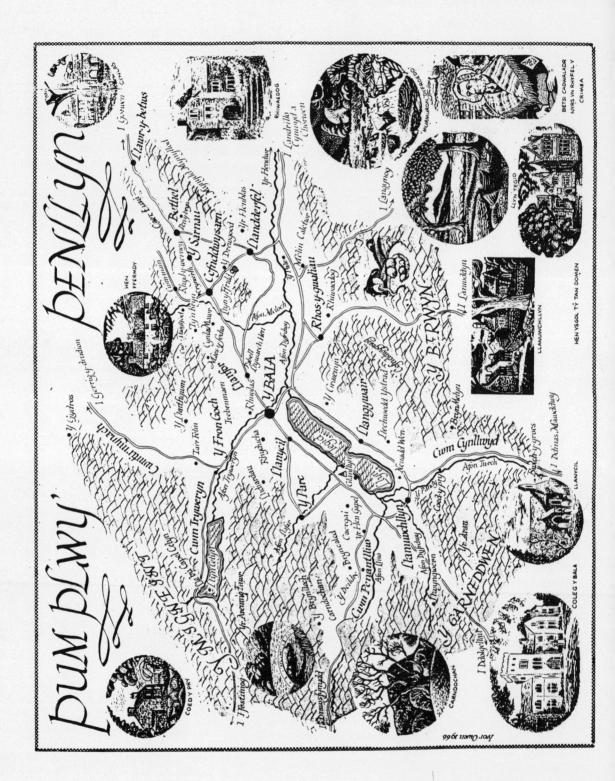

Cyflwyniad i'r Fro

Pa gyflwyniad gwell na geiriau Llwyd o'r Bryn ei hun pan ofynnwyd iddo ar raglen radio beth yw arbenigrwydd ardal y Sarnau?

Llwyd or Bryn:

Wel — rhyfedd y gwahanol chwaeth sydd mewn ardaloedd gwledig hyd yn oed. Rhai yn licio nionyn wedi ei grasu rhwng dwy ffon grât, ond fod gratiau heddiw wedi colli eu ffyn. Eraill am ei rostio hefo tamed o gaws. Pob ardal yn magu personoliaeth, a phawb yn cyfrannu ati, a phersonoliaeth wahanol i bob un.

Peidiwch â meddwl ein bod yn well na rhyw ardal arall. Brith ydym i gyd. Y drwg a'r da yn dal i ymladd. Roedd yma gymeriad gwreiddiol yn byw yn y pentre, yn medru symio pobol i fyny'n dda. Yr adeg yr oedd Ifor Bowen Griffith yma'n athro, dywedodd John wrtho un diwrnod — 'Y mae o'n beth rhyfedd, os bydd yma sgwlyn da, bydd ganddo wraig od. Ac os gwraig dda, bydd yntau yn un sâl, a maen nhw'n dod bob yn ail regiwlar.' Ac meddai i gloi: 'Dyw mae gen ti wraig iawn!'

Rwy'n cofio diwrnod claddu ei wraig. Safai'r gweinidog ag yntau a minnau wrth ochrau'n gilydd ar lan y bedd, a phan ar ganol y weddi, trodd John ataf a dweud — 'Yn tydi hi yn gythgam o oer dywed?' Digwyddai y wraig fod â gwallt coch, ac meddai John — 'Phrioda' i yr un goch byth eto.' Meddyliwch amdano yn mynd i Langollen i brynu moto car, ac yn talu amdano mewn hanner coronau, sylltau a chwe cheiniogau! Ond roedd o'n ffefryn gan bawb ohonom.

Holwr:

Beth yw'ch difyrrwch pennaf chi yma yn y gaeaf?

Llwyd o'r Bryn:

O — y cymdeithasau. Mae hi mor brysur fel mae'n anodd cael noson wag. Arwydd iach ydi cael yr ifanc a'r hen i gyd-gymysgu — y pennau gwynion, moelion a gwalltog yn un. Ac mae un Gymdeithas yma sy'n dathlu ei phen-blwydd yn un ar hugain eleni, ac edrychwn ymlaen am wledd fawr. Cymdeithas y Llawr Dyrnu y gelwir hi. Pan gafwyd yr enw yma arni, tybiodd rhai ein bod am lwyfan bocsio yn y Sarnau, ond pe baent yn medru yr Hen Destament, hwy a ddeallant ystyr yr enw. 'Nithio'r gau a nythu'r gwir' fel y dywedai Je. Aitsh. y Brython 'stalwm.

Cawn rai o bigion y genedl yma i'w hagor bob blwyddyn, yna'r doniau cartref yn dysgu sefyll ar eu sodlau. Cofiwn un noson arbennig — meimio golygfa o'r Beibl, a wir, dyma glamp o forfil yn ymddangos, gan chwydu Jona ar dir sych — yr annwyl Bryan Jones oedd Jona, a Dafydd Jones Tyncoed yn forfil — palf o ddyn cry' a fuo fo byth yr un fath wedyn.

Rhywun y dydd o'r blaen yn dweud hanes canibal yn llyncu cenhadwr, ac yn teimlo'n ddigon bethma ar ôl gwneud. Dwedodd am ei ddolur wrth ganibal arall. 'Be wnest ti iddo cyn ei fwyta' ebe hwnnw. 'Ei ferwi.' 'O dyna lle methaist ti, ffreiar oedd o.'

Poblogaeth a Thai yr Ardal

Enw'r Fferm	Deiliaid 1942	1989	Enw'r Fferm	Deiliaid 1942	1989
Hafoty Isaf	2	-	Bryn Ethol	4	6
Tyddyn Tyfod	2	-	Henhafod	4	-
Tai Isa	2	-	Caerau Isa	3	4
Wenallt Fawr	5	6	Twnt-i'r-ffordd	4	4
Wenallt Fach	4	2	Ty'n Fedw	6	1
Tan-y-coed	2	-	Bodelith	5	7
Llwyn Onn	2	-	Tŷ Ucha	7	5
Llawr-y-cwm	1	1	Cwm	4	2
Hendre	3	4	Hengwm	-	4
Rhydywernen	5	1	Pen-y-bryn	3	-
Cwm Cywen	3	2	Blaen-cwm	2	3
Tyddyn Tudur	4	2	Tyddyn Llechwedd	2	4
Pen-rallt	4	3	Cwm Cottage	5	-
Coedybedo	5	3	Tyddyn Sgubor	3	3
Pentre	2	5	**Pentre Cefnddwysarn**		
Pentre Tai'n-y-cwm	3	-	Tŷ Capel	1	4
Cwmhwylfod	3	3	Cerlyn	-	4
Llwyniolyn	3	-	Chalamy	-	2
Ty'n-y-coed	4	2	Manhyfryd	2	2
Cwm Onnen	-	-	Erw Deg	3	2
Creigiau Isa	3	2	Glanaber	3	1
Ty'n-y-bryn	2	6	Berwyn House		
Hendre	4	6	**Pentre Bethel**		
Ysgubor Fawr	4	2	Tŷ Capel	1	4
Cwm Onnen	-	-	Boot	2	5
Creigiau Isa	3	2	Arberth	2	3
Ty'n-y-bryn	2	6	Gorwel	-	4
Hendre	4	7	**Pentre Sarnau**		
Ysgubor Fawr	4	2	Heniarth	3	2
Bryniau	4	2	Caerau	-	2
Ffatri	2	2	Bryn Ffynnon	4	2
Maes Tegfryn	-	4	Broncaereini	3	2
Cablyd	5	-	Bwthyn	3	-
Ty'n-y-ffridd	4	6	Awel y Grug	2	4
Pen-cefn	3	4	Lluest	-	4
Caerau Ucha	4	-	Pen-banc	2	2
Ty'n-llyn	-	-	Delfryn	3	4
Rhyd Elis	9	-	1. Bryn Eithin	-	5
Tŷ Hen	3	-	2. Bryn Eithin	-	1
Pen-y-bryn	2	2	3. Bryn Eithin	-	4
Erw Feurig	5	5	4. Bryn Eithin	-	1
Eirianfa	-	4	5. Bryn Eithin	-	2
Crynierth Mawr	6	5	**Cyfanswm**	**220**	**200**
Cynlas	6	3			
Cynlas Bach	2	1			
Tŷ Nant	2	1			

Yr Ardal

'Sarnau

Ardal uchel oddeutu 800 i 1,050 troedfedd uwchlaw'r môr ydyw'r Sarnau, gyda'i thir o natur oer ar y cyfan, yn wynebu'r de, fwy neu lai.

Unig ddiwydiant yr ardal yw amaethyddiaeth. Yn yr hen amser byddai ffatri wlân, pandy, crwyndy, melin lifio, siop lestri, efail gôf, a thafarn. Byddai yma hefyd dair siop, — Cefnddwysarn, Sarnau, a Hendre Cwmain. Mae'r cwbwl ohonynt wedi peidio â bod bellach.

Ceir yn yr ardal hanner cant o ffermydd a thyddynnod, yn amrywio mewn maint o 5½ i 225 o aceri. Hyd ddiwedd y Rhyfel Cyntaf 1914-18, nid oedd ond rhyw ddwy o'r ffermydd yn eiddo y deiliaid.Perthynai y rhan fwyaf i stadau Rhiwlas a'r Palé. Bu bywyd yn anodd iawn rhwng y ddau Ryfel (1918-39), gan mor fychan oedd yr erwau i gadw dau ben llinyn ynghyd. Yr oedd yn anodd hefyd talu cyflogau i wasanaethyddion, ac i gadw'r fferm deuluaidd.

Dosberthir y tir fel a ganlyn:

947 acer o dir llafur
437 acer o dir gweirgloddiau
1065 acer o dir garw, a diffaith

Cyfrif o'r anifeiliaid (1930):

62 o geffylau gwaith
245 o fuchod llaeth
277 o fuchod ieuanc
4,036 o ddefaid
59 o foch
449 o ddofednod'

(1940) Colofnydd Amaethyddol — (L. H. Davies)

'Mi allwn ymdroi yn hir yn ardal Cefnddwysarn ac o gwmpas y fynwent a'r Capel. Do, bûm yno droeon: rwy'n cofio sefyll yn ymyl Lloyd George yn y pulpud ym Medi 1910, pan ddadorchuddiwyd y goflech uwch ben lle fy nhad yn y sêt fawr. A mynych ar fy nheithiau y stopiwyd y car, a cherdded hyd at y groes Geltaidd fawr sydd yng nghanol y fynwent fach. Oedi, a chofio a gweddïo am nerth i fod yn deilwng o'r etifeddiaeth.'

Crwydro Meirionnydd (1954) — T. I. Ellis

Arferion a Diddordebau

Torri gwair (1912)

Diwrnod cneifio (1912)

Y Dyrnwr yn Nhŷ Ucha, Bethel
(eiddo Morgan Hughes, Cynlas)

'Injian stêm. Hon ddilynodd y ffust. Dywedir mai llygaid brwnt a daflai yr hen ffustiwyr arni ar y dechrau. Gofynnodd y gyrrwr i un ohonynt a fuasai yn nôl bwcedaid o ddŵr iddi. Aeth yntau, a'r lleill yn edrych yn bur chwerw. 'Pam yr eist ti,' ebe un. 'O,' meddai'r llall, 'yr adnod honno ddaeth i'm meddwl "Os dy elyn a sycheda dyro iddo ddiod."'

Dau garictor doniol oedd y ddau oedd yn canlyn y dyrnwr ac mae sôn amdanynt yn aros hyd heddiw. John Dafis a John Williams; ond i wahaniaethu rhyngddynt, gelwid hwy yn 'Dyhew' a 'Sarnau'.

Dyma ddiffiniad yr ail o'r parch a gai yn y gwahanol ardaloedd: Cychwyn oddicartre 'Sarnau' ebe pawb. Yng Nghefnddwysarn — 'Jac Penffordd'. Gwen Watkins Tŷ Nant — 'John Williams'. Y Bala — 'Mr Williams'. Ond (gyda phwyslais trwm) pan af i Lidiardau — 'Williams' bob un!'

Y Pethe (1954) — Llwyd o'r Bryn

(Chwith) John Williams, Mehefin 1941
ac uchod, argraff Ivor Owen o ddiwrnod dyrnu
yn y gyfrol *Y Pethe*

9

(Chwith) Diwrnod dyrnu
Tachwedd 1942 ac isod golygfeydd
o 'Ddiwrnod Dyrnu' yn Ysgol
Ffridd y Llyn ar ddechrau'r
wythdegau gyda hen ddyrnwr o
Dy'n-y-Ffridd a fu'n segur am
bymtheng mlynedd. Roedd y
diwrnod dan arolygaeth
Ifor Griffiths, Rhydywernen.

Dragio tir gyda gwedd o geffylau

Torri Magwyr

Toi Tas o Wair

Naddu enwau i mewn i goeden

Yr arfer o saethu ar ddydd priodas

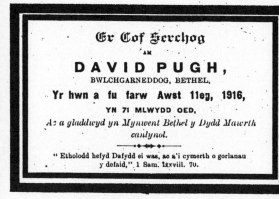

Er Cof Serchog

AM

DAVID PUGH,

BWLCHGARNEDDOG, BETHEL,

Yr hwn a fu farw Awst 11eg, 1916,

YN 71 MLWYDD OED,

A: a gladdwyd yn Mynwent Bethel y Dydd Mawrth canlynol.

"Etholodd hefyd Dafydd ei was, ac a'i cymerth o gorlanau y defaid," 1 Sam. lxxviii. 70.

Er Cof Serchog

AM

JANNET PUGH,

BWLCHGARNEDDOG, BETHEL,

Yr hon a fu farw Tachwedd 27ain, 1916,

YN 76 MLWYDD OED,

Aç a gladdwyd yn Mynwent Bethel y Dydd Gwener canlynol.

"Yr hyn a allodd hon hi a'i gwnaeth."

Cardiau Coffa

'Pwy sy'n cofio Janet Pugh, Twnt-i'r-ffordd? Cynrychiolaeth deg o gymeriad yr hen oes, ac ni ellir beio addysg yn ei hachos hi, oherwydd yr oedd yn wir ddiwylledig. Dynes ddynol yn gwisgo yn wahanol i bawb. Het bant y coryn, gwallt claerwyn, ei dwylo ym mhocedi ei chôt, a gosod ei thraed ar led. Roedd mor gartrefol yn bodio traed ceffyl mewn ffair ag un porthmon. Byth ni chollai ffair Gorwen (Mawrth), a byddai porthmon a alwai yn "drwyn papur" yn gofyn ei barn beynydd ar geffyl.

Bu'r ddau farw o fewn tri mis i'w gilydd.'

— Llwyd o'r Bryn

Cneifio gyda gwellaif

Diwrnod cneifio. Her i redeg ras.

Picnic Capel. Y Gweinidog ac eraill (1959).

Dau gymydog — John Lloyd
Pen-y-bryn a John Jones, Cwm.
John Lloyd (1850-1933) oedd un o
ferthyron y Degwm yn ardal
Llangwm (1887).

Trimio'r ceffylau

Ras Sachau. Y Parch. G. R. Jones a'r Blaenoriaid (1959).

Wagen Cefnddwysarn yn Sasiwn Plant y Bala

Jane Evans,
Crynierth Mawr (1908)

Sasiwn Plant. Ailgodi'r arferiad o drimio
wagen Cefnddwysarn (1937).

Het arbennig (1910)

Chwarae 'coetio'

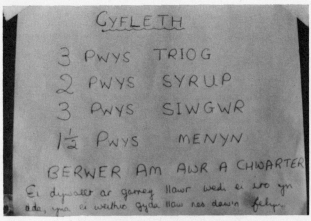

Cyfarwyddiadau gwneud cyfleth.

Ar aelwyd Coedybedo

Noswaith gwneud Cyfleth yn y Sarnau

Cannodd y ffôn tua pnawn dydd Mercher. 'Wil yn estyn gwahoddiad i chwi i Goed Bedo, noswaith gwneud cyfleth.' Edrychais ymlaen hyd at nos Wener am mai hon oedd fy antur cyntaf i fyd cyfleth. Galw heibio Heniarth, y gwarchodwyd, Gwil a Mair wedi cyrraedd. Troed i lawr yn y car bach gan ddilyn yn glos gwt y fan las. Parcio ym muarth Coed Bedo, William Williams ym mhen y drws. 'Croeso i chi, Ydi hi ám eira? 'Cofio cael eira mawr yr adeg yma yn thirty seven, y flwyddyn y daethom ni yma.' Mrs. Williams wrthi'n gwibio i mewn ac allan o blith y merched gan daflu cipdrem brofiadol dros y byrddau gosodedig. Taflu'r gôt ar begyn y lobi a thrwodd i'r gegin ffrynt i eisteddfa'r gwŷr. Pwy sydd yn y gornel? o ie, I. B. Griffith, yma tros Heddiw, a pwy ydi'r boi tynnu lluniau. Gweithio i'r B.B.C., felly. "Dowch trosodd mae'r swper yn barod" Reit, rhythur fel pac Cymru ar Barc yr Arfau. Dacw bwlofar yn cael ei thynnu; treuliodd weddill i noswaith yn yr hen gloc mawr, a mannau cudd eraill o'r gegin. "Eistedd yn fane." Yn fy ochr, tad i

Frenhines Laeth Dyma yn wir fwytwr brachdanau. Rhaid ei deitlo yn Frenin y Bara. Yn ei ochr, rhyw greadur rogeraidd gyda'i ddwylaw yn gwibio yn ôl a blaen o gylch platiaid cig Robert Ellis. Mwstard yn cuddio yn llechwraidd o fewn melyndod y blomonj a chegaid o oerni yn troi yn boethoffrwm. Gweld gwr o Barchus swydd yn hoffi tropyn o de gyda saith lwmp siwgwr. Minnau ar fy nhrydedd paned yn cael fy ail fedyddio ar enw Pwllglas. Y merched ar y bwrdd arall wedi clirio popeth o'i blaenau ac wedi myned yn annaturiol o fyd. Pob un yn gori fel iar ar wyau. Deg ar hugain o foliau llawn yn ymlusgo yn araf tua'r gegin ffrynt. I.B. yn ei gornel yn cofio'i arhosiad yn y fro, atgofion eraill yn cael ei taflu i goldrwn y drafodaeth. William Williams yn dyfod a'r cyfleth syrupaidd mewn crochan ai ddodi ar y tan. Araf droi gyda'r llwy bren a'i osgo yn dangos blynyddoedd o brofiad yn y gwaith.

Cân i gyfeiliant yr organ geg, cael hwyl ar yr emynau. Y gwr rogeraidd wrthi hi ffwl spid fel cacynen mewn pot jam gan daflu rhyw sylw neu gilydd i gyfeiriad Pwllglas. 'Dowch i mi droi am 'chydig', hwn ac arall am roddi tro yn y cyfleth. 'Mae

bron yn barod' hynny wedi awr o droi brwd.

Y plant yn synhwyro y foment dyngedfennol, 'Mae o'n barod.' Tua'r gegin i ymolchi as iro'r dwylaw. Pawb yn barod. 'Tolltwch o ar lawr yn fan 'ma, William Williams. Gwnewch le i'r dyn tynnu lluniau.' Rhuthro i'r cyfleth fel ceufaint o foch, cael dyrnaid poeth i'm llaw. 'Dyna fo tynna fel hyn' a Gwyn yn fy ochr yn dangos y gelfyddyd. Deng munud o chwysu tra tra'r cyfleth yn araf droi ei liw melynaidd. Ei dorchi yn rhaff a'i osod ar y bwrdd i oeri. Yn ôl i'r gegin ffrynt. Glywaist ti hon—rhyw foi newydd briodi . . . dyma ti'n dda . . . hen wraig yn y seiat, ac ymlaen ac ymlaen. Chwysu yn domen tan fanllefau o chwerthin. Stori eto am ferlyn mynydd yn dringo gallt serth. Be ydi o'r gloch, chwarter i hanner.' Mae o wedi distewi. 'Ydi, arfer mynd i'w wely tua naw pob nos.' 'Dowch trwodd i gael paned,' unwaith eto. Ymgomio o gylch y bwrdd hyd chwarter i un, rhaid troi gartref. Diolch o galon i chwi trosto ni. 'Peidiwch son.' Troi am gartref wedi noswaith bythgofiadwy yng nghwmni ardalwyr bro Sarnau a chofio croeso Coed Bedo.

Troi a phrofi y cyfleth

Golchi'r llawr yn barod i dywallt y cyfleth

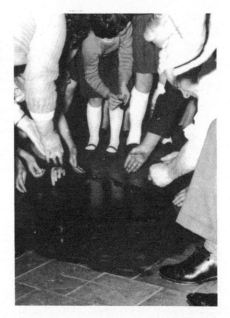

Byddai teulu Coedybedo, yn gwahodd cymdogion yno i gynnal Noson Gyfleth. Bu hyn yn digwydd yn flynyddol yn ystod y pedwardegau. Byddai pawb yn troi y cyfleth yn ei dro. Yna ei brofi mewn dŵr oer, cyn ei dywallt ar y llawr garreg las wedi ei hiro. Paratowyd gwledd fawr gan y teulu, gyda Noson Lawen yn dilyn 'Pawb a'i bennill yn ei gwrs.' Byddai pawb yn mynd adre yn oriau mân y bore, gyda'i becyn o gyfleth.

Teulu Coedybedo

Tynnu'r cyfleth

Mwynhau'r wledd

IB ymysg y gwesteion

Wel, sôn am sbort!

Camfa ddiddorol rhwng Erw Feurig a Tŷ Hen

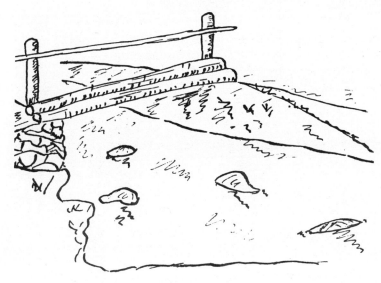

Dwy goeden ar draws nant
i ffurfio pont.

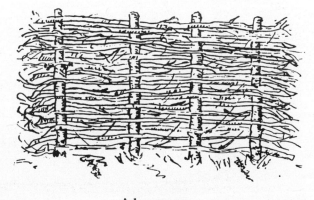

Adwy wrysg

Campau'r Cwn

AC

Arddangosfa Anifeiliaid
Cefnddwysarn

Dydd Mercher, Medi 26, 1934

Llywydd—

R. N. JONES, YSW., Bronwylfa.

Beirniaid—

WM. JONES, Ysw., Llwyn Dedwydd.
EVAN J. JONES, Ysw., Trawsfynydd

DOSBARTH CYNTAF.
(Agored i'r Byd a'r Betws).

Gwobr 1af	£5 0 0
Ail wobr	£2 10 0
3ydd wobr	£1 5 0
4ydd wobr	£0 12 6
5ed wobr	£0 5 0
6ed wobr	£0 2 6

Blaendâl — 6/-.

DOSBARTH AIL.

Gwobr 1af	£2 0 0
Ail wobr	£1 0 0
3ydd wobr	£0 10 0
4ydd wobr	£0 5 0

Blaendâl — 2/6.

GWEITHIO DAU GI
(Os bydd amser).

1af, £1 ; ail 10/-. Blaendâl 2/-.

ENWAU I LAW MEDI 24ain.

Cynhaliwyd gornestau cŵn llwyddiannus yn ystod y tridegau.

Diddorol yw'r gwahanol enwau sydd i'r toriadau, a'r enwau arnynt mor wahanol yn y De rhagor y Gogledd. Pe gwnawn dabl bychan ohonynt, tybed a fedrai'r argraffydd eu cyfleu? Cofier mai mynd oddi wrthych y mae'r ddafad, ac nid dod atoch, neu fe fyddent yn chwithnod. Felly'r dde yw'r dde i chwithau. I bwrpas y toriadau, na hidier ymha glust y byddont, na phrun ai oddi arni ai oddi tani.

Triwch-o, gysodydd, er mwyn rhoi tamed ffres i'r peiriannau!

	Torri blaen		Sgiw
	Canwer		Cornpicin hir
	Hollti		Cornpicin byr
	Hollti'n dair		Bwlch plyg
	Picfforch		Bwlch tri thoriad
	Cwlio		Bachiad
	Carrai		Dyrnod Cyllell
	Stwmp		Cyllelliad

Nodau clustiau defaid (Llwyd o'r Bryn)

Llun o John Parry Blaen-cwm.
Roedd hi'n arferiad rhoi llun yr
ymadawedig ar gerdyn coffa.

Ffasiwn hetiau 1910.
Annie Jones a Maggie Jones.

Sussie Jones, Llandderfel (athrawes). Arferai ddod
i Ysgol y Sarnau ar ei beic (1910-1912).

Gweinyddesau te croeso 1904 — Gwen Watkins, Tŷ Nant; Emma Handford;
Gwen Jones, Brynffynnon; Marged Williams, Tŷ Pella; Lizzie Roberts, Crynierth Bach;
Alice Jane Ellis, Hendre; Lizzie Griffiths, Ty'n-y-ffridd.

Car a cheffyl Hendre (1902)

J. F. Owen, Pentre (1889-1981) — Caer wedyn.
Bu am flynyddoedd maith yn anfon
cardiau Nadolig o'i waith ei hun.

Teulu Pentre — Arlunwyr

R. Manod Owen (1868-1941).
Gŵr amryddawn ac eangfrydig. Aeth yn
bostfeistr i Langernyw yn 1914.

Llun mewn albwm
gan R. Manod Owen (1909).

Un o gyfres cardiau
Nadolig Ivor Owen
(Pentre gynt).

J. R. Richards, Llawr-y-cwm.
Ysgolor mawr a oedd yn medru
saith o ieithoedd. Gŵr distaw,
yn caru yr encilion —
yn byw yn ardal Cwmain.

Lizzie Jones, Pen-y-banc.
Bu'n glanhau yr ysgol am lawer
iawn o flynyddoedd, yn ystod y
cyfnod pan oedd yn rhaid cynnau
tân glo, a chario bwcedi trymion.

Aelwyd ffermdy Rhydywernen

David Owen Parry
(Llandderfel)

Postman a gludai'r llythyrau o'r Sarnau, Bethel a Chefnddwysarn i Landderfel. Byddai yn cario'r parseli a'r llythyrau ar ei feic. Camp go dda ac yntau gyda un fraich.

Gorffennodd gyda'r gwaith ar Medi 18, 1963 pan ddaeth trefn newydd i rym.

Cân Ffarwél

Dwy ar bymtheg o flynyddoedd
Llythyrgludydd fu i ni,
Gofid mawr oedd torri'r cyswllt
Mil naw cant chwe deg a thri.

Bu yn ffyddlon i'w swyddogaeth
Trwy bob hin yn llon a llwyr,
Faint yw rhif ei gymwynasau
Nid oes neb ond Duw a ŵyr.

Y mae cyfrinachau filoedd
Yn ei gôl ynghlwm dan glo,
Nid oes allwedd fyth all agor
Cyfrin gell ei fynwes O.

Fe wasgarodd ef lawenydd
Ie, tristwch ddoi ar dro,
Pa sawl calon friw liniarwyd
Gan ei air caredig O.

Y mae gwacter yn y Sarnau
Colli Dei y Post o'i daith,
Fin yr hwyr ac yn y bore
Roedd ei galon yn ei waith.

Hir y cofir y seiadau
Gwresog wrth y cownter gynt,
Wrth ymdrin problemau cyfoes
Gyda'r postman ar ei hynt.

Clywch dystiolaeth plant yr ardal
'Dei y Post' yw'n harwr ni,
Holant beunydd am gyfarchiad
'Wel 'rhen bwt, sut ydwyt ti.'

Ond gan fod yn rhaid ymado
Dei y Post o hyd a lŷn,
Eto'n gyfaill pur a chywir
Nid y wisg sy'n gwneud y dyn.

Dysgodd inni wers fawr bywyd
Mewn esiampl gwerth ei chael
Dygodd groes oedd drom ac anodd
Heb un gwg o dan ei ael.

Er mor anodd rhoddi ffarwel
Rwy'n dymuno'n dda i chwi,
Ac yn diolch am eich 'nabod
Gyda'ch hiwmor ffraeth a ffri.

— Kitty Rowlands (1963)

Mrs Gladys Jones,
Postfeistres cyntaf y Sarnau

Griffith Roberts, Llandderfel
(1925-1963)

Crydd wrth ei alwedigaeth. Byddai yn cerdded i fyny o Lythyrdy Llandderfel bob dydd, gyda'i gi, ac yn cyflwyno llythyrau i bawb yn yr ardal. Cofiwn ef am ei ymdrech ddewr yn ymladd bob tywydd.

Yr oedd hefyd yn gerddor gwych. Cyfansoddodd dôn 'Rama' (sef enw Capel Annibynwyr yn Llandderfel).

Pensaernïaeth yr ardal

'Ychydig o hynodrwydd a berthyn i bensaernïaeth yr ardal. Ni ellir disgwyl ysblander y bwâu Gothig mewn ardal foel a mynyddig fel hon. Ond odid y peth pwysicaf sy'n rhoddi gwerth esthetig ar unrhyw adeilad, ar wahân i'w defnyddioldeb, yw ei fod yn asio â'i gefndir.

Dim ond dau o dai yr ardal sydd yn rhai gwir hynafol. Am y gweddill tai pedronglog ydynt gan mwyaf, ddigon tebyg i'r tai a welir yn ardaloedd y gweundiroedd led-led Cymru. Digon prin fod yr un ohonynt yn mynd ymhellach yn ôl na'r ddeunawfed ganrif, ac y maent wedi eu toi â llechi.

Rhydywernen:
Mae'n ddiamau mai y ffermdy hwn ydyw'r hynaf o fewn cylch y dosbarth. Nid yw heddiw yn hollol yr un fath ag yr oedd gynt, bu rhai cyfnewidiau mewn cyfnod cymharol ddiweddar, ond credwn y gellir dweud gyda graddau o sicrwydd fod y rhannau hynaf o'r adeilad yn bum cant oed. Mae iddo ei 'benucha' a'i 'benisa', gyda'r penisa ar lefel ychydig yn is na'r gegin yn y canol, a'r penucha wedyn yn codi rhyw ris neu ddwy yn uwch na'r gegin. Uwchben y penisa mae llofft neu daflod, ond mae'r adwy a fu unwaith yn arwain o'r gegin i'r beudy bellach wedi ei chau i fyny. To brwyn neu wellt a fu unwaith i'r tŷ, eithr towyd ef a llechi o fewn cof y rhai sy'n fyw heddiw. Cynhelir yr adeilad gan dri chwpl anferth a'u bonion yn mynd i lawr yn ddwfn i'r sylfaen. Dyna'r arwydd sicraf o henaint yr adeilad. Mae'r trawstiau a'r gwaith coed er yn syml a diaddurn mewn cyflwr da, ac yn galed fel asgwrn.

Coedybedo:
Hen blasdy bach o'r cyfnod Tuduraidd yw Coedybedo er nad yw'n dwyn dim o nodweddion y llu plasdai a godwyd ar hyd a lled Cymru yn y cyfnod hwnnw. Fe'i lluniwyd ar y cynllun Cymreig — adeilad hir a gwasgarog, a rhan ohono yn dwyn nodweddion tai *half-timber* — Dyffryn Hafren. Ei nodwedd allanol mwyaf arbennig yw ei ffenestri *dormer*, a'r drws ffrynt sydd wedi ei dduro a'i hoelio fel drws eglwys neu gastell. Gwyddis i'r tir fod ym meddiant Abaty Ystrad Marchell, ac wedi hynny ym meddiant cell mynachod, Boch y Rhaeadr. Mae'r gwaith coed y tu mewn i'r adeilad yn werth sylw fel enghraifft o grefftwaith gwych y Cymry gynt.'

— E. Bryan Jones (1943)

Coedybedo, cartref Bedo Aeddren (1500)
Fe'i claddwyd ym mynwent Llanfor.

Hiraeth am Gwen

Gan ei haros gwn hiraeth
Ni ro y saint anras waeth,
Yn Niwmel gyda'r delyn
Wylo ydd wyf ar ôl y ddyn
Afon o'm calon y'm caid
Dŵr Llugwy drwy y llygaid,
Pan el y pen i wylaw
Mwy na dŵr Menai y daw.

Ni bu na meillion bronnydd
Na lleuad wen na lliw dydd,
Nag eiry ar fannau gôr
Na gwawn Mai, nag ewyn môr,
Na gloew seren cyn wenned
(Dawn i'w grudd), na dyn o gred.
Rhoi paentiad ar leisaden
Mil a'i gŵyr yw moli Gwen.

Er dy fwyn, aur dy fanwallt,
Y bydd dail ar irwydd wallt,
Duw a'th wnaeth dithau'n wen
Dyn ni'th eilw ond nith Olwen.

— *Bedo Aeddren*

Noson weu Merched y Wawr

'Wedi i'r teulu benderfynu ar Noson Weu, y gwaith
cyntaf oedd penderfynu pwy i'w gwahodd. Gwelid y
merched i gyd yn gweu, pob un a'i hosan a'i gweill a'i
phellen edau, a deuai ambell lanc a'i weill a'i bellen
edau i weu gardas er mwyn hwyl.'

— Cwm Eithin — Hugh Evans

Bodelith, Bethel

Daeth y ffermdy yn enwog tua'r flwyddyn 1780, oherwydd mai yma y ganwyd Gaenor Hughes, 'Gaenor Bodelith'. Ni phrofodd damaid o fwyd yn ystod pedair mlynedd olaf ei hoes. Ei hunig gynhaliaeth yn ôl yr hanes oedd dŵr o ffynon Bodelith. Bu farw yn 1780, a chladdwyd hi ym Mynwent Llandderfel. Ar ei beddfaen mae'r englyn hwn, —

> Deg saith mun berfaith y bu, — o fisoedd
> Yn foesol mewn gwely,
> Heb ymborth ond cymorth cu
> Gwres oesol grasau Iesu.

> — Jonathan Hughes, Llangollen

O'r cylchgrawn *Meirionnydd* — D. S. Jones

Ardal Cwmain

'Cwm cul tua hanner milldir o led, a dwy filldir o hyd, gyda Chefn Caereini i'r de, a'r hen gaer a'i gwarchffos ar ei gorun. Ar yr un ochor ogleddol y mae mynydd Cefn Coch, ynghyd â Chraig Llwyn Onn yn disgyn yn serth i lawr i'r cwm. Ei enw'n briodol iawn yw Cwm Main, ynghyd ag afon fechan lonydd ar hyd ei waelod, a elwir weithiau yn Ferddwr neu Nant Lleidiog, a honno'n heigio o lysywod. Enw arall arno yw Cwm Dwy Dorth am fod Moel Coedybedo yn ei ben uchaf, a Garth Pentre Llawen ar ei ben isaf. Ceir dau gapel annibynnol yn y Cwm — Rhydywernen yn y pen uchaf, a Soar yn ei waelod.

Bu achos y Crynwyr yn Rhydywernen i gychwyn, cyn i'r Annibynwyr ymsefydlu yno, a chychwynnwyd yr Achos yn Soar yn y flwyddyn 1827, pan godwyd Capel bychan llawr pridd, ond cyn hir oherwydd cynnydd y gynulleidfa ailadeiladwyd addoldy helaethach sy'n adeilad cadarn gyda Thŷ Capel yn glwm wrtho, ac y mae potel rhywle yn ei fur yn cynnwys enwau'r cyfrannwyr a'r rhai fu yn llafurio.

Pan oeddwn yn hogyn yr oedd deiliaid ym mhob fferm yn cynnwys teuluoedd lluosog, ynghyd â gweision a morynion. Yr oedd y gymdeithas yn gref i'r doniau amrywiol, ac yn eu plith amryw o gymeriadau cyrhaeddgar a doniol, a byddai arabedd yn amlwg iawn ar ddyddiau cneifio a dyrnu. Yr oedd bri ar grefftau amaethyddol, ac yr oedd Ymrysonfeydd aredig, plygu gwrych, cneifio, gweithio cŵn defaid yn digwydd yn flynyddol er cyn cof.

Yr oedd amryw o adfeilion hen furddunod yn yr ardal ac yr oedd yn amlwg oddi wrth yr olion mai tai unnos ar y comin oeddynt i gychwyn, gan fod sgwâr fechan o dir gyda chlawdd pridd o amgylch, gyda'r tŷ yn y canol. Caniateid i berchen tŷ unnos ar y Comin feddiannu hynny o dir y gallai daflu ei fwyell drosto oddi wrth y tŷ i'r pedwar cyfeiriad digon i mewn. "Taflu esigd" oedd yr arfer gan yr Hebreaid "Tros Edom y bwriaf fy esgid", medd yr adnod.'

— R. E. Jones, *Fy Milltir Sgwâr*

Llyn y Ffridd

Pan siglai'r hwyaid gwylltion
Wrth angor dan y lloer,
A Llyn y Ffridd ar Ffridd y Llyn
Trostynt yn chwipio'n oer,
Lleisio'n ddidostur wnaent i ru
Y gwynt o goed y Mynydd Du.

— R. Williams Parry (1928)

Pan gerddai R.W.P. o Gynlas (ei lety) i lawr i weld ei chwaer yn Nhŷ'r Gweinidog (Mrs J. B. Jones), Llandderfel, byddai yn pasio y llyn hwn.

Chwarel gro Pen-y-bryn

Mae'r rhan fwyaf o ffermydd yr ardal wedi eu hadeiladu efo tywod o'r chwarel hon. Yma yr oeddynt yn cael tywod i wneud morter.

Yma yr oedd Ffatri Wlân Cefnddwysarn

'Symudodd Robert Roberts o Tanyfoel, Llandderfel, yma i'r ffatri hon yn 1887. Yr oedd hon yn fwy hwylus, gyda digonedd o ddŵr yn yr afon gerllaw. Byddai wyth o weithwyr yn cael eu cyflogi ynghyd â Robert Roberts a'i feibion. Gwnaent bob math o waith gwlân ynddynt, megis llifo, gardio, nyddu, a gweu pob math o wlanenni, brethyn, gwrthbannau a chwrlidau. Wedi marw Robert Roberts, bu ei fab hynaf R. R. Roberts yn ei chadw i fynd, ac yn ddiweddarach David ei frawd. Eu rheol ydoedd derbyn gwlân gan yr amaethwyr ac eraill, a'i wneud yn rholiau, edafedd gwlanen neu frethyn, neu beth bynnag fyddai'r galw amdano gan y cwsmeriaid, am hyn a hyn y pwys neu'r llath, fel y byddai'r gwaith yn gofyn.

Byddai llawer o amaethwyr, er mwyn lleihau'r bil yn y ffatri, yn rhoddi'r gwaith o bigo gwlân, hynny yw, ei lanhau o'r brychau a geid ynddo, a'i ddosbarthu i hen wragedd y plwyf. Cafodd aml un wythnosau o waith pigo gwlân mewn gwahanol ammaethdai, a thelid iddynt, gan amlaf, trwy roddi iddynt eu bwyd a phecyn o wlân.'

— Evan Roberts, Llandderfel (1925) *Diwydiannau Coll*

Bu Evan Roberts ei hun yn gweithio yma am gyfnod, hefyd Dewi Hafesb, a Gwrtheyrn (J. Roberts).

Crwyndy

Yr oedd y diwydiant ar waith yng Nghefnddwysarn hyd y flwyddyn 1904. Robert Evans, Crynierth, Y.H. fu yn ei weithio olaf, a chadwai un gweithiwr heblaw ei hunan. Byddai llyn pwrpasol ger y Ffatri at galchu'r crwyn. Yna gwerthai hwy yn feltin i Gwrier Llangollen, a'r gwlân i ffatrïoedd Lloegr.

Cenna

Byddai yma lawer yn casglu cen-cerrig oddi ar y creigiau, a'r cerrig gwenithfaen. Ceid pris da amdano, gan ei fod yn werthfawr i lifo lliw cochfelyn. Byddai rhai yn llifo'r gwlân a gaent wrth wlana gyda'r cen-cerrig, ac yna yn ei anfon i'r ffatri i weu edafedd, ac yna yn ei weu yn hosanau. Byddai marchnad helaeth iawn ar un cyfnod yng nghylch y Bala, yn y diwydiant hosanau.

Pandy

Yn uwch i fyny afon Meloch, tua'r mynydd, y byddai'r Pandy, lle yr arferid sychu'r gwlanenni, ar y dentur. Ebenezer Edwards a'i deulu oedd yng ngofal y Pandy. Mae rhai o'r olion yno o hyd.

Gweithwyr Ffatri Wlân Cefnddwysarn

Crefydd

Capel Cefndwysarn M.C. Fe'i adeiladwyd yn 1868, a chafodd ei gynllunio gan Richard Owen, pensaer o Lerpwl.

Rhai o aelodau mwyaf adnabyddus y capel hwn oedd Thomas E. Ellis A.S. (1859-1899), D.R. Daniel (1859-1931) a Robert Lloyd (Llwyd o'r Bryn, 1888-1961). Claddwyd y tri ohonynt ym mynwent Cefnddwysarn.

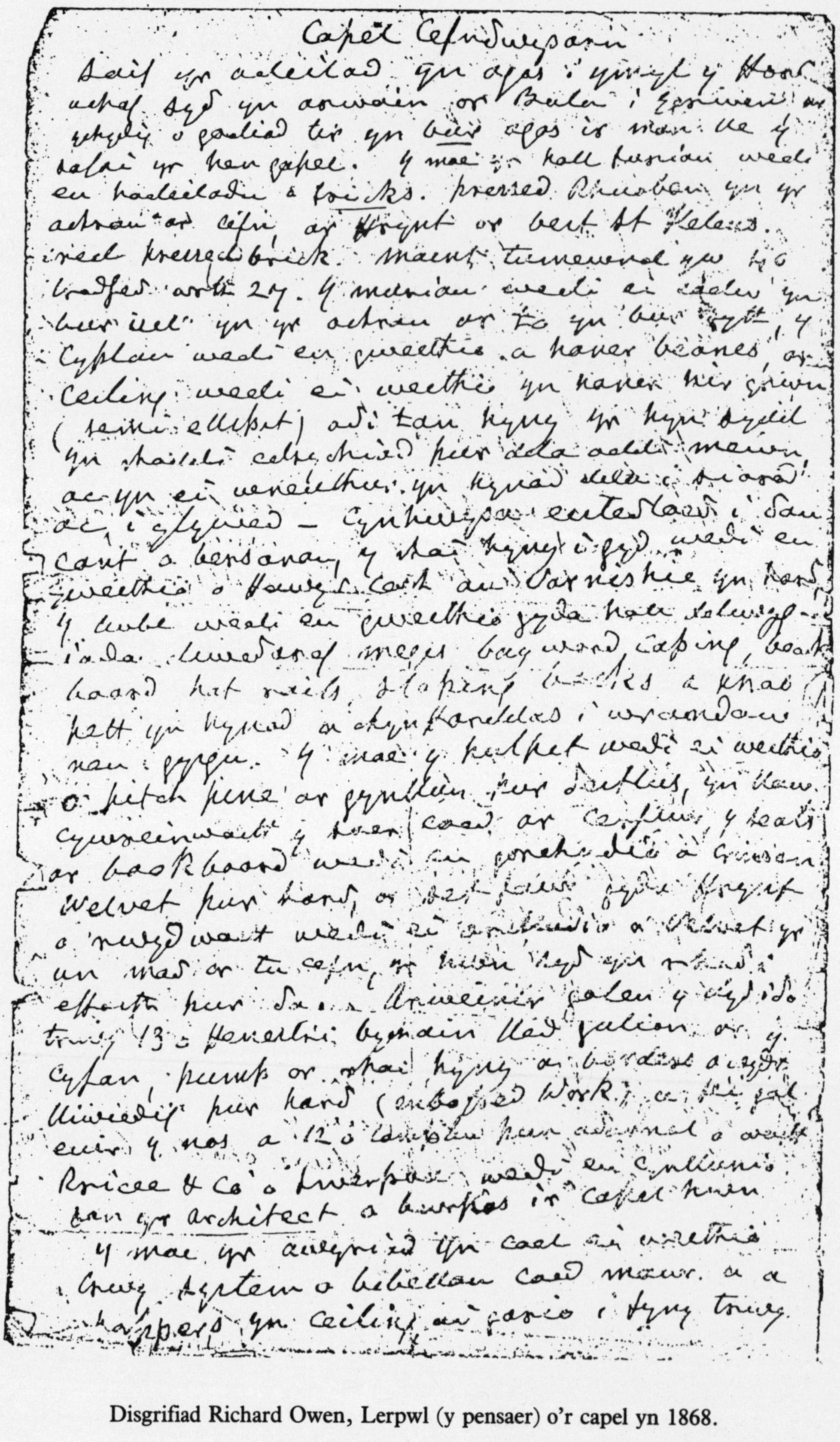

Capel Cefnddwysarn

Saif yr adeilad yn agos i ymyl y ffordd uchaf sydd yn arwain o'r Bala i Gorwen ar gyfer [illegible] tir yn [illegible] agos i'r man lle y safai yr hen gapel. Y mae yr holl furiau wedi eu hadeiladu a bricks. pressed Rhuabon yn yr adran or cefn ar ffrynt or [illegible] St Helens [illegible] pressed brick. Maent [illegible] bedfed [illegible] 27. Y muriau wedi eu [illegible] yn [illegible] yn yr adran or to yn [illegible]. Y Cyplau wedi eu gweithio a [illegible] Ceiling wedi ei weithio yn [illegible] ([illegible] ellipse) [illegible] yn [illegible] ac yn ei weithiau yn [illegible] – [illegible] [illegible] a [illegible] wedi eu gweithio o [illegible] Y [illegible] wedi eu gweithio gyda holl [illegible] megis [illegible] capping, [illegible] hat rails [illegible] a [illegible] yn [illegible] [illegible]. Y mae y pulpit wedi ei weithio o pitch pine ar [illegible] [illegible] Welvet [illegible] [illegible] [illegible] Rricee & Co o Liverpool wedi eu [illegible] yr architect a [illegible] i'r capel [illegible]

Y mae yr [illegible] yn cael ei weithio [illegible] [illegible] ceiling [illegible]

Disgrifiad Richard Owen, Lerpwl (y pensaer) o'r capel yn 1868.

'Capel Cefnddwysarn

1756   Traddodwyd y bregeth gyntaf yn y Derwgoed (1756).

Capel cyntaf yn y Sarnau, gyda tho gwellt a llawr pridd iddo. Os y byddai'r tywydd yn oer, taenid brwyn ar y llawr. Byddai Hugh Evans yn rhoi uwd mewn sosban i'r pererinion fyddai yn pasio.

Cynhelid yr Ysgol Sul gyntaf ym Meloch.

1822   Adeilad Capel yng Nghefnddwysarn. Lle mae'r Festri yn awr. Merched oedd yn arwain y pryd hynny gan nad oedd Gweinidog — Mari Lewis (athrawes i Thomas Charles), Modlen y Crynierth, Jenny Tŷllwyd, a Sioned y Caerau.

Dewiswyd Ellis Dafis Tynycoed yn flaenor, a gweithiodd yn galed gyda'r Achos.

1884-1910   Parch. Isaac Jones Williams (mab y Parch. Griffith Williams, Talsarnau) ddewiswyd fel gweinidog cyntaf yr Eglwys ynghyd â Llandderfel.

1868   Adeiladu Capel Newydd. Cynlluniwyd gan Richard Owen Lerpwl (pensaer).

(Yn ôl Traddodiad, bu Hywel Harris yma'n pregethu ar y Comin rhwng Cefnddwysarn a'r Sarnau oddeutu 1741.)

1870   Rhodd o blatiau casglu arian, gan Miss Lucy Mary Butress. Ffôdd allan o Ddinas Llundain rhag y colera yn 1866. Bu yn aros yn Tynybryn gyda theulu D. R. Daniel. Gwraig ddiwylliedig, wedi derbyn ei haddysg yn Ffrainc, ac yn fedrus mewn arlunio.

1911-22   Sefydlu y Parch. J. O. Jones yn Weinidog. (Mrs Jones yn chwaer i R. Williams Parry.)

1922-61   Parch. G. R. Jones. Genedigol o Garmel, Arfon.

1895   Prynu organ i'r Capel. Organyddion cyntaf oedd Myfanwy Roberts, a'i brawd R. R. Roberts, y Ffatri.

(1857-1913)

Symudwyd ymlaen mewn cysylltiad ag Eglwys Cefnddwysarn i alw bugail, a dewiswyd y Parch. Isaac Jones Williams, mab i'r diweddar Barch. Griffith Williams, Talsarnau. Dechreuodd Mr Williams ar ei waith fel bugail yn Awst 1882. Bu yn Weinidog yr ofalaeth am 28 mlynedd, hyd 1910.'

Hanes yr Achos yn Saron, Llandderfel (1927)

O dawel gwsg! O dangnefeddus hûn,
Mor dawel dawel yn dy ddistaw fedd,—
Y bedd lle bu cyn hyn y Dwyfol Ddyn.
Yn troi'n frawychus fan yn drigfa hardd.

Dylanwad pur dy beraroglus daith
I harddu'n gwlad a erys yma'n hir,
Mor ffyddlon fuost i'r dwyfolaf waith
O arwain pererinion byd tua'r nefol dir.

     — Detholiad o waith Mr Richard Williams (ei frawd), Prifathro Ysgol Tŷdandomen, Y Bala.

Y Parch. G. R. Jones, Gweinidog (M.C.) Cefnddwysarn 1922-1961

Mae deugain mlynedd o grwydro tir
Yn edrych braidd yn dâp go hir.

Ond wrth roi cip ar y daith yn ôl
Nid yw ond modfedd ar wastad dôl.

O newid ffigiwr, a benthyg gwynt
Ai doe oedd y dydd, daeth o Garmel gynt?

Yn llanc i fugeilio preiddiau dau blwy
Bedyddio, priodi, claddu a chlwy.

Bu'n llonni aelwydydd â'i hiwmor iach
Ac ato'n ebrwydd tyrrai rhai bach.

Gwin ac olew ar friwiau'r fro
A'i gyfri'n ffeind gan rai oedd ar ffo.

Gŵr bonheddig dan wyrthiau gras
A fu'n gymorth i wneud pob bwthyn yn blas.

Pe chwiliech nerth ei genadwri fawr
'Rhoi'r dynol a'r dwyfol yn un, un awr'.

Pwysodd hi'n hyglyw fore a nawn
Arnom ni mae'r bai os na wrandawn.

Mae deugain mlynedd o bregethu a byw
Yn sumbol teg rhyngom â Duw.

— Llwyd o'r bryn

Jane Williams, Derwgoed (1846-1920)

'Dysgodd ar ei chof, y Beibl i gyd. Dyma orchest anhygoel braidd; ond prawf yw o'i gwydnwch, ei phenderfyniad a'i gallu. Ac wedi ei drysori ar y cof gwnaeth ddefnydd rhagorol o'i gynnwys. Cuddiodd hefyd ymadroddion y Beibl yn ei chalon.'

— Parch. T. R. Jones (Clwydydd)

Yn yr Eglwys bu yn famaeth
I ofalu am yr ŵyn,
Yn ei dawn a'i gallu helaeth
Yr oedd rhyw gyfriniol swyn;
Medrai dreiddio i ddirgelion
Gwirioneddau Llyfyr Duw
Ac fe wyddai'r ysgolheigion
Bod eu hathrawes ffyddlon
Ym mhob man yn medru eu byw.

— (Gwaenfab)

Y Parch. Robert Roberts (Crynierth Bach).
Fe'i sefydlwyd yn Weinidog ym
Mhenrhyndeudraeth yn 1897.

Y Parch. John Davies Hughes (Cynlas).
Sefydlwyd ef yn Weinidog yn
Ysbyty Ifan yn 1961.

Colofn deyrnged gan blant Penllyn i'r Parch. Evan Peters (holwr plant).

Er Cof am
Ellis D. Jones (Ysgolfeistr) (1887-1955)

Athro oedd yn Gymro gwir — enaid brwd
    Mewn cnawd brau a gofir,
    Wele dŵf ei annwyl dir
    Wedi cau am ffrind cywir.

              — W. D. Williams

Mrs Mary Jones Llwyniolyn

Y mae hiraeth ar ôl Mary — yn y Cefn
    Enaid cu bob cwmni,
    Ba archoll fu ei cholli,
    I bawb a'i hadnabu hi.

              — (R. Williams Parry)

Mynwent Cefnddwysarn

Beddfaen Ellis Roberts, Frongoch (Cynlas gynt)

Trowyd Edward Ellis Tŷ Cerrig, Llangower allan o'i gartref, am iddo wrthod pleidleisio dros yr Ymgeisydd Torïaid. Felly hefyd Ellis Roberts o'r Frongoch. Ni wyddys pam na throwyd Thomas Ellis allan o Gynlas, oherwydd ni roddodd ef ychwaith ei bleidlais dros y Torïaid. Yr oeddynt oll o'r un teulu.

Capel Rhydywernen (A)

Y Parch. John Griffiths 1805-1849

Rhydywernen

1770	Byddai Hugh Jones, Rhydywernen yn rhoi benthyg ei dŷ mawn at gynnal gwasanaethau, trwy osod meinciau a phulpud.
1784	Nid oedd capel o gwbwl o'r Bala i Wrecsam, a deuai pobol i addoli i Rydywernen.
1826	Daeth y Parch. Hugh Pugh o Dowyn i gynorthwyo Parch. Michael Jones. (Urddwyd yn Llandrillo 1827.)
1828	Codwyd Capel yn Rhydywernen.
1841	Urddwyd y Parch. John Griffiths, Cablyd (1841), hefyd byddai yn amaethu. Claddwyd yn 1849.
1887	Symudodd y Parch. Hugh Pugh i Mostyn.
1885	Parch. William Ellis, Llangwm yn Weinidog. Diaconiaid: William Jones, Llwynonn, Thomas Rowlands, Llwynolyn, W. T. Rowlands, Tancoed.
1893	Ymuno gydag eglwysi Bethel a Soar. Y Parch. Owen Davies.
1894	Darlith Parch. H. Elfed Lewis, Llanelli. Cadeirydd: Tom Ellis A.S. Tâl am y Ddarlith - £1.10. Gwerthiant Tocynnau - £19.6.6.

Y Parch. Arthur Thomas, Broncaereini, Sarnau.
Codwyd i bregethu yng Nghapel Rhydywernen
yn ystod Tachwedd 1934.
Bu'n weinidog ym Moreia, Llithfaen a
Salem, Y Ffôr rhwng 1943-1948,
yna bu'n gwasanaethu Ebeneser a Seilo yn
Llanfair Caereinion (1948-1983).

Capel Bethel

Y Parch. Michael D. Jones, gweinidog eglwysi Bethel a Llandderfel 1855-1891.

'Cefais yn ei gwmni beth na chefais yn yr un ysgol, nac yn yr un Coleg y bûm ynddynt erioed, — serch goleuedig at hanes ac iaith Cymru, a chred ddiysgog yn y gallu grymus sydd wedi cael yr enw 'Cenedlaethol' wedi hynny. Peth newydd i mi oedd gweled gŵr dysgedig yn ymfalchïo yn ei Gymreigrwydd, a gweld athraw yn siarad Cymraeg . . . O'r wisg cen cerrig at y breuddwyd ardderchog am Gymru Newydd, yng Nghymru hen, ac yn rhywle yn eangder y Gorllewin, yr oedd popeth yn M. D. Jones yn ennyn parch a serch pob un at Gymru, Annibyniaeth, cymeriad a hen frwydrau dros ryddid. Dysgodd y wlad i'w pharchu ei hun, i ffieiddio gwaseidd-dra rhoddodd asgwrn cefn i'r genedl, pybyrwch i'r meddwl, a pharch at yr hyn a fu.'

Oes a Gwaith Michael D. Jones — O. M. Edwards

Y Parch. H. Gwion Jones, gweinidog Rhydywernen, Soar a Bethel rhwng 1898 ac 1938.

'Yr ymenydd disglair hwn a fentrodd i ganol gwerin gwlad Cylch Caereini bron ar dro'r ganrif, ac yn ôl ei dystiolaeth ei hun, ni bu edifar ganddo.'

Diddordebau Llwyd o'r Bryn — Robert Lloyd

1813	Cadw Ysgol Sul yn Tynllechwedd (tŷ annedd).
1816	Codi Capel. Ymddiriedolwyr — Michael Jones, John Lewis, David Morgan, Peter Griffiths, John Roberts, James Davies, William Williams, Robert Everett gan brynu tir gan John Jones, Tynddol.
1826	Hugh Pugh yn dod i fyw o Lwyngwril. Cadw ysgol a phregethu.
1827	**Ordeinio yn gyd-weinidog a'r Parch. Michael Jones.**
1833	Ffurfiodd Gymdeithas i ddysgu Egwyddorion Ymneulltuaeth. Symudodd i Fostyn 1836.
1840-53	**Y Gweinidog oedd y Parch. Michael Jones, Llanuwchllyn.**
1855	Daeth y Parch. Michael D. Jones (o Fwlchnewydd) yn olynydd i'w dad fel Prifathro yn y Bala, ac yn weinidog. Sefydlwyd ym Methel (1855).
1891	Ymddeolodd o'r eglwysi. Bu farw (1898).
1893	Ordeiniwyd y Parch. Owen Davies (o Pwllglas) am 3 mlynedd.
1898	Daeth y Parch. Gwion Jones o Goleg Bala-Bangor yn weinidog. Bu yno am 40 mlynedd.
1908	Codi Capel newydd a thŷ. Costiodd £1,100. Y Parchedigion Elfed Lewis a Gwylfa Roberts yn ei agor.
1941-46	Y Parch. Stanley Davies o Goleg Aberhonddu.

Dathlu (1930)

Tair o organyddion y tri chapel. Maent wedi gwasanaethu 180 o flynyddoedd rhyngddynt.

Evan Roberts ar 'Green' y Bala (1905).

Capel Tegid — lle cynhelir a chynhelid sasiynnau
a chymanfaoedd cylch Penllyn.

Cyhoeddwyd yn *Llais Rhyddid*, papur Eglwys Rydd y Cymry yn Lerpwl, 1904, gan ddilynwyr y Parch. W. O. Jones, Gweinidog Chatham Street.

Emyn

Gwyn fy myd pe cawn orchfygu
Fy mhechodau bob yr un,
A chael llonydd gan yr ofnau
Wrthwy'n wastad sydd ynglŷn;
Profi dwyfol flas maddeuant
Teimlo rhinwedd dwyfol glwy
Yn glanhau fy anwireddau
Hybn ddymuna f'enaid mwy.

Ciliwch draw bleserau daear
Rydwyf bellach am fwynhau
Pethau gwell a gwerthfawrocach
Pethau roddir imi'n glau;
Rwyf am ddringo fry i'r bryniau
Lle caf awyr iach i fyw,
A chael golwg ar fy rhandir
Brynwyd im â gwaed fy Nuw.

Profi blas grawnsypiau Canaan,
Melys ffrwythau Gwynfa fad;
Salem lân, a Thŷ fy Nhad;
Gweld y Brenin yn ei degwch
Â thangnefedd yn ei wedd,
Dyma nefoedd i bechadur
Yma, a thu draw i'r bedd.

John Owen, Erw Feurig, Cefnddwysarn

Thomas Edward Ellis A.S.

Anerchiad Cyntaf Tom Ellis

'Foneddigion —

Gofynnaf am eich pleidleisiau fel Ymgeisydd dewisedig y Blaid Ryddfrydol ym Meirion.

Mae Mr Gladstone yn barod i wrandaw ar lais ac ymbil Iwerddon am hawl a gallu i reoli ei materion ei hun gan ei meibion ei hun. Rhoddaf fy nghefnogaeth wresog iddo.

Y mae yn amser i'r Senedd wrandaw ar lais Cymru. Y mae yn hawlio Dadgysylltiad Eglwys Loegr yng Nghymru, a defnyddiad y gwaddoliadau er budd y genedl yn gyffredinol.

Y mae yn deisyf am berffeithiad ei chyfundrefn addysg — y tlawd fel y cyfoethog i gael cyfleusterau cyffelyb i fanteisio ar holl adnoddau addysgol y genedl.

Y mae yn hawlio diwygiad trwyadl yn neddfau y tir er sicrhau sefydlogrwydd cartref, ardrethau teg, diogelwch ffrwythau llafur y gweithwyr, yr amaethwr a'r masnachwr.

Y mae yn hawlio Ymreolaeth, fel y byddo rheoleiddiad y fasnach feddwol, y trethi, swyddau cyhoeddus a moddion datblygiad cenedlaethol yn nwylaw y Cymry.

Oddi ar argyhoeddiad llwyr, gwnaf yr hyn sydd ynwyf i hyrwyddo y mesurau hyn, a phob mesur er llesiant pobol y Cymry.

Ydwyf, foneddigion eich ufudd was

Cynlas, Llandderfel, Meh 28. 1886.   Thomas Edward Ellis'

Gorff 16 1886		T. E. Ellis	4127
J.		Vaughan	2860
Mwyafrif	1267		
Gorff 1892		T. E. Ellis	5175
H. Owen			1637
Mwyafrif	3238		
Awst 1895		T. E. Ellis	5173
C. E.	J.	Owen	2232
Mwyafrif	2941		

Thomas Edward Ellis A.S., Cynlas (1859-1899)

'. . . Ym mlodau ei dyddiau yr oedd yn wraig o daldra cyffredin . . . yn gadarn yn hytrach nac ystwythaidd gyda gwyneb agored, llawn a chryf. Talcen cymhedrol a chymhesur llygaid treiddgar o liw'r gollen; asgwrn y foch yn uchel, y trwyn yn lluniaidd ac yn tueddu i ddyrchafu o'r gwyneb mewn cerndid bychan graddol yn y bôn . . .

O dan ei brenhiniaeth hi bu Cynlas yn un o'r anedd-dai enwocaf am letygarwch croesawus yng Nghymru . . . bu'n lety a lloches i bob pregethwr a gŵr cyhoeddus a ddeuai i'r gymdogaeth, a thyrfaoedd o ddieithriaid a chyfeillion o bell ag agos . . .

Ni fu gwraig mwy gweithgar, diwyd ac ymroddedig i'w goruchwylion dyddiol nag Eliz. Ellis. Yr oedd ei hymroddiad llwyr i hyn yn ddihareb yn ei chymydogaethau ers blynyddoedd maith. O'r boreu gwyn, ac yn wir am rhyw chwe mis o bob blwyddyn o'r boreu tywyll iawn hyd awr led hwyr o'r nos, byddai hi wrthi fel peiriant gyda dyletswyddau'r tŷ a'r fferm. Yr oedd ei gwybodaeth eang ohonynt yn fanwl, nid eisteddodd erioed ar stôl drithroed hafal iddi am odro . . . '

Cyfrol 1. T. I. Ellis

—D. R. Daniel

Mrs Elizabeth Ellis, Cynlas
(Mam Tom Ellis)

319 PENLAN. (7 6.7 6. D.)   D. Jenkins, 1849—1915.

Doh F.

Trwy ganiatâd Miss N. Jenkins, Aberystwyth.

A -men.

(222)

**Tôn a gyfansoddwyd ar achlysur priodas Tom Ellis
gan David Jenkins**

Gwahoddiad y Briodas:

'Deisyfa Mrs R. J. Davies, longyfeillach.....................ym mhriodas Annie â T. E. Ellis yn y Tabernacl Aberystwyth ddydd Mercher, Mehefin 1, 1898 am 2.30, ac yn y Neithior, yn y Pier Pavilion'

Dygir i Geredigion
Des hâf ar briodas hon
Cywir deg wlad y Cardi
Er ei braint, mwy bri a'r bri
Ac awen wir a gân wedd
A rhiniau ei rhianedd.

Yng Nghwrt mawr bri y wawr wen
Yn fyw wenodd ar feinwen;
A rhaid wrth Chwip i gipiaw
Hon o dref i Lundain draw.'

     (Rhuddwawr)

O aur Gwynfynydd y gwnaed y fodrwy
Gan roi golau gwyn i'n gilydd — Tom a Nansi

46

Bedd Thomas Edward Ellis (Marchog Meirion)

'Os na fu ei oes yn faith
Bu'n fawr heb un oferwaith
Os oedd fér, lleshaodd fyd
Rhoi i haf ei ran hefyd.

Mesur wrth ei lafurwaith
Dry'i oes fér yn deiroes faith
Er mor fer ei drem ar fyd
Bu ddyfal byw i ddeufyd.'

Islwyn

Llythyr Tom Ellis i'w gyfaill, pan yn wael
yn yr Aifft (1890)

Er Coffadwriaeth
AM
T. E. ELLIS, A.S.

GANWYD CHWEFROR 16eg, 1859;
BU FARW, yn Cannes, Ffrainc, EBRILL 5ed, 1899.

Gosodir ei weddillion i orwedd heddyw yn
Nghladdfa CEFNDDWYSARN.

CYNLAS,
CEFNDDWYSARN,
Ebrill 11eg, 1899.

Taflen gladdu
T. E. Ellis

Y pedwar llun sydd ar y cerflun
'Amser dyn yw ei gynhysgaeth'

Swyddogion
y Gofeb
Cadeirydd - Dr Hughes
Trysorydd - William Evans
Ysgrifennydd -
Y Parch. J. Gwynoro Davies

Capel Cefnddwysarn
Medi 20 : 1910

Cyfarfod Dadorchuddio Plac Tom Ellis

Siaradwyd yn y cyfarfod gan:-
Y Gwir Anrhydeddus D. Lloyd George
Y Gwir Anrhydeddus Master Elibank
Llywelyn Williams A.S.
Herbert Lewis A.S.

Roedd y capel yn orlawn, a chynulleidfa enfawr y tu allan.
Dyma lun o'r gwragedd fu'n paratoi y bwyd.

Jane Evans
Ann Owen
Grace Humphreys
Eliz. Roberts
Jane Williams
Janet Jones
Kate Watkins

Thomas Edward Ellis

'Tithau yr hwn a ddyrchefi fraich
A llygaid cyson i fynyddau'r fro,
Bwriasom lithrau'r dangnef hir drosto
Gorwedd heddwch arnom megis braich.'
'Tair Delw'r Bala'   — R. Williams Parry

Dadorchuddio'r cerflun
ar Stryd y Bala
Hydref 7, 1903
Llywydd — D. Lloyd George A.S.
Dadorchuddwyd gan y Gwir Anrhydeddus
John Morley A.S.
W. R. M. Wynne (Arglwydd Raglaw y Sir)
a gynigia ddiolchgarwch
i'r Cerflunydd
W. Goscombe John A.R.A.

49

Dadorchuddio Colofn Tom Ellis (1903)

Seremoni y dadorchuddio (1903), gyda D. Lloyd George A.S. yn llywyddu.

Dathlu Canmlwyddiant Tom Ellis, Ebrill 6, 1959

'Troedio yr hen lwybrau. Dyna a wnaeth plant Ysgol Sul Cefnddwysarn dydd Llun diwethaf. Dyma ddiwrnod mawr y Dathlu yn yr ardal . . .

Cyflwynodd y Llywydd yn eu tro y 3 Siaradwr.

T. I. Ellis — trafod cefndir Addysg ei dad.

Goronwy O. Roberts A.S. — dilyn cwrs Seneddol Tom Ellis.

Ivor Owen — Tom Ellis y Gwladgarwr.'

— Gwylfa Roberts

Te Parti y Plant yng Nghynlas (1959)

D. R. Daniel

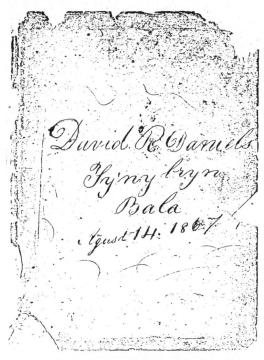

Allan o feibl D. R. Daniel

Robert Daniel
Ty'n-y-bryn
(Tad D. R. Daniel)

Cartref D. R. Daniel

Hen olwyn ddŵr Ty'n-y-bryn

D. R. Daniel yn fachgen

D. R. Daniel yn ifanc

D. R. Daniel a'i fab, Peredur

1887 (a) Trefnydd Cynorthwyol dros ogledd Cymru i'r Mudiad Dirwestol Prydeinig.

1896 (b) Penodwyd ef yn Ysgrifennydd Chwarelwyr Gogledd Cymru.

    (c) Yn ddiweddarach, bu'n Ysgrifennydd y Comisiwn Brenhinol ar Ddifodiant Glannau'r Môr.

    (ch) Yna yn Ysgrifennydd Cynorthwyol y Comisiwn ar yr Eglwys yng Nghymru.

Ysgrifennodd nifer o erthyglau i'r Wasg Gymraeg, gan gynnwys atgofion am O. M. Edwards yn *Cymru* (1921), yn ogystal â hanes cynnar Tom Ellis.

Llwyd o'r Bryn

Llwyd o'r Bryn

Mae'n nabod pawb o Fangor i Gaerdydd,
Lon drwbadŵr ar sgawt o le i le,
Yn ffraethinebu'i ffordd heb golli ffydd
Y daw cyn torro'r wawr yn ôl i dre.

Pa beth sy'n corddi'r dyn i hel ei draed
I ddinas neu ddiarffordd gonglau'r tud?
Mae'n rhaid fod rhyw gynddaredd yn ei waed
Rhyw chwiw aniwall am gael mynd o hyd.

Y 'Pethe' sy'n ei goncro, pethe'i bau
Cerdd dafod, llên a chanu gwerin gu,
Yn frenin eisteddfodau myn barhau
A'i stori weithiau bron â chwalu'r tŷ.

Y dydd annedwydd Gymru, Byth na ddoed
Na byddo 'mhlith dy gedyrn siort Bob Lloyd.

— Ronald Griffith
Wyddgrug (Medi 1958)

Colofn Farddol *Y Faner* (Medi 25, 1958) . . . 'Dyry ddarlun go gywir o'r Llwyd y gŵyr Cymru mor dda amdano, ac a gerir ganddi, oherwydd ei naturioldeb, a'i barabl cefn gwlad rhywiog, ffraeth. Dywed llawer ohonom a'i hedwyn 'Amen' i'ch cwpled cloi. Ni all Cymru fforddio colli siort Bob Lloyd.'

'Gwladwr o'r iawn ryw oedd Llwyd o'r Bryn o'i ddechreu i'w ddiwedd; yn ei leferydd a'i ddillad, yn ei osgo a'i drawiad, yn ei het a'i sgidiau ac yn nhoriad ei wallt hefyd. Eithr wrth adael yr awen yn rhydd ar ei war fe ddilynodd ei dalent bennaf, sef creu a chyfrannu digrifwch pur, difalais a diymhongar oddi ar lwyfannau'r wlad. Lles Cymru oedd ei uchelgais a'i arwyddair, ac roedd popeth da a buddiol yn dod o dan yr ymbarela rhyfeddol hwnnw.'

— Richard Phillips
Robin â'i Gŵys (1970)

Da y pwythwyd y 'Pethe' — a'u gosod
   Rhwng dau glawr yn ddethe,
Drwy'i lawen dudalennè
Aed y Bob Llwyd i bob lle.

— Gwilym R. Tilsley

'Y mae'r gair 'Pethe' yn air penagored amwys, ac mewn perygl o fynd mor amhendant ei ystyr â 'bethma' Daniel Owen. Carwn dystio mai'r ystyr yw ymwybod o'r genedl Gymraeg, ei thir, ei phobl, ei hanes, ei llenyddiaeth, ei chelfyddydau, ei chrefydd — y pethe hynny a fynegwyd yn wych yn 'Caru Cymru' Crwys.'

— Trebor Ll. Evans

'Anodd iawn bod mor annwyl a mor boblogaidd â Bob Lloyd ac ymgadw heb ymlygru. Llythyrau hapus gŵr a gafodd fywyd hapus. I mi mae'r peth mor ddieithr a sancteiddrwydd.'

— Saunders Lewis
Western Mail, 1955

Parti Tai'r Felin

Mona Ty'n Ffridd, Bob Lloyd a Geraint Lloyd Owen
Eisteddfod Pwllheli 1955

Angladd Llwyd o'r Bryn. Calan 1962.

Tractor Ty'n-y-bryn
ar ei ffordd i'r angladd

J. Price Jones ar
gefn ei ferlen ar y
ffordd i'r angladd

Yn 1962 fe gyfansoddodd John Hughes, Dolgellau dôn i goffáu Llwyd o'r Bryn.

Cefnddwysarn

DOH g.

John Hughes.

(er cof am Llwyd o'r Bryn).

Dwysan Rowlands yn dadorchuddio plac Llwyd o'r Bryn (rhodd gan gymdeithasau y Sarnau) yn 1968. Fe'i cynlluniwyd gan Ivor Owen, ac fe'i cerfiwyd gan Robert G. Jones, Llangwm.

Teuluoedd

Rhan o deulu'r Hendre 1903 — mae Ann Owen (sydd yn eistedd)
yn hen, hen, hen nain i blant yr Hendre heddiw.

Teulu Pen-y-bryn, Bethel, 1903

Teulu Mr a Mrs W. E. Jones, Cwm Cottage, Bethel — deg o blant.

Addysg

Ysgol y Sarnau. Fe'i hadeiladwyd yn 1890.

'Rhaid rhoi barn ar gylch y Sarnau,
Lle mae'r Coleg sad ei furiau,
Deffry'r gloch atgofion hyfryd,
Am afieithus ddyddiau mebyd.

Ti, hen ysgol yr ysgolion
Mawr ein dyled i'r athrawon,
Gwelaf seiri meini Cynwyd
Wrthi'n adeiladu'n ddiwyd.

J. D. Lloyd yr athro cyntaf, —
Ac i rai yr athro olaf,
Cofio brysio, torri bresus, —
Heb un belt i ddal y trwsus.

Symud o'r hen Ysgol Eglwys
I barwydydd y baradwys;
Dechrau pwytho rhin y pethe
Pawb am gariad am y gore.'

— Bob Lloyd

1891

1904
— Bob Lloyd sydd yn y gornel uchaf ar yr ochr dde

1925

1932

1937 — I. B. Griffiths yw'r prifathro

1959

Aduniad cyn-ddisgyblion yr ysgol, Gorffennaf 1992.
(Cynullydd — Elfyn Pritchard)

Mi fûm yn bwrw blwyddyn
A'i bwrw'n ôl fy ngreddf,
Trwy ddyddiau'r dyn a nosau
Y tylluanod lleddf,
Lle'r oedd pob gweld yn gysur
Pob gwrando'n hedd di-drai,
Heb hiraeth am a fyddai dro,
Nac wylo am na bai.

R. Williams Parry (1884-1956)
Ysgolfeistr yn y Sarnau 1912-1913

Y PLAC

CYNLLUNIWYD gan Mr. Ivor Owen, Llanuwchllyn.

CERFIWYD gan Mr. Robert G. Jones, Llangwm.

RHODDWR Y COED—Mr. David Tudor, Corwen.

Gosodwyd y PLAC gan Mr. D. W. Jones, Y Sarnau.

Ysgol Ffridd y Llyn

1980

Agor Ysgol Ffridd y Llyn 1977

Y dasg oedd gweled ysgol, — yn y fro
   Heddiw'n fraint aruthrol,
   Mae'n barod i'r dyfodol
Ym Mhenllyn dir, hir fo'i hôl.

Cael gwerth chweil o adeilad, — i gilfach
   O gelfydd wneuthuriad,
   O fewn hon y cewch fwynhad
Yma i euro cymeriad.

Ar lain brwyn yr elwa'n bro, — arloesir
   Hil oesau i wreiddio,
   Dwyn bendith dan ei bondo
I wanc dysg yr ieuanc dô.

Daw darn o'r Llan a'r Sarne, — i yfed
   O afon y 'Pethe'
   Ai bwrlwm gyfyd berle
Ffridd y Llyw ddeffrodd y lle.

R. E. Rowlands

Ivor Bowen Griffith;
Ysgolfeistr y Sarnau
1937-1943

Nos Sadwrn

Fe wel ben y Bedyddiwr.
Ni chwsg, ni chysgodd neithiwr.
Lladdodd Herod eto Wr.

Ffy cwsg o ystafell Caiaphas,
Oer yw ei allor a dulas;
Goleuni a thân a las.

Y rhaglaw o ddinas Rhufain,
Ni chwsg yntau'n y Dwyrain;
Hoeliodd Wir, plethodd ddrain.

Iesu, y saer a hoeliwyd
Mae'n cysgu; mewn craig fe'i claddwyd
Fore'r Pasg, yfory, cwyd.

— I. Bowen Griffith (1942)

Edward O. Humphreys (1900-1959)

Fe'i ganwyd ac fe'i magwyd ef yn Hendre, Cefnddwysarn. Addysgwyd ef yn Ysgol y Sarnau, Ysgol Tydandomen, a Choleg Prifysgol Cymru, lle graddiodd mewn gwyddoniaeth. Athro yn Lerpwl. Darlithydd yn y Coleg Normal Bangor. Yn 1930 cafodd radd M.A. am draethawd yn ymwneud ag addysg. Penodwyd ef yn Gyfarwyddwr Addysg Môn yn 1935, ac yn un o arloeswyr Ysgoliopn Cydweithredol yn y sir. Cadeirydd Pwyllgor Gwaith Eisteddfod Genedlaethol Llangefni 1957. Bu farw ym 1959, a'i gladdu ym mynwent Eglwys Llangristiolus.

1987

Dramâu

Cwmni drama Cefnddwysarn gyda chynhyrchiad o *Asgre Lân*, 1913 (Cynhyrchydd — R. Williams Parry). Bob Lloyd yw'r trydydd o'r chwith yn y rhes flaen.

Y Cwmni Drama, 1923

Cast *Noson o Farrug* (1919)

Cast *Modryb Martha*, cynhyrchydd — Ellis O Jones (1925)

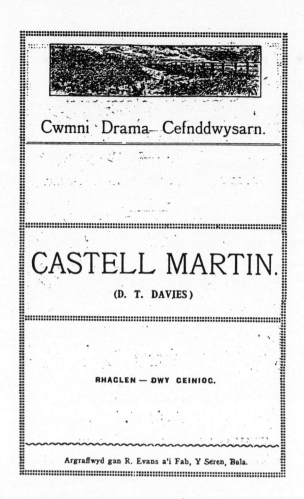

Cwmni Drama Cefnddwysarn.

CASTELL MARTIN.

(D. T. DAVIES)

RHACLEN — DWY GEINIOG.

Argraffwyd gan R. Evans a'i Fab, Y Seren, Bala.

Arddangosfa Genhadol y Bala (1926)

'Cwmni y Sarnau yn actio dwy ddrama *Ddoe a Heddiw* a *Modryb Martha*.

Dyma ddywedodd Yr Athro Dafydd Williams y Coleg wrth gynnig y diolchiadau: 'Dyma un o'r pethau yr hoffai ef ei weld drwy holl bentrefi Cymru i adfywio a sirioli bywyd yr ardaloedd, cael pobl ifanc ac eraill i eangu gorwel eu bywyd beunyddiol. Yr oedd y ddwy ddrama a glywyd heno yn rhai rhagorol, heb ddim ynddynt i beri dychryn i'r mwyaf sensitif, a llongyfarchwn y cwmni ar eu gwaith ardderchog. Efelychai Cefnddwysarn mewn meithrin cwmnïaeth gymdeithasgar rhodder eu lle i chwaraeon iach a theilwng, modd y mager pobol gryfion i bob gwasanaeth uchel i foes a Chrefydd Cymru.'

(Seren y Bala, 1926)

Y cwmni yn perfformio *Perthnasau*, 1925.

Drama Capel (1916). Cynhyrchwyr — Ethel Evans a Gwen Roberts.

Drama Eisteddfod Genedlaethol yr Urdd, 1929 — 'Marchogion Arthur'.

Cynhaliwyd Eisteddfod Genedlaethol Urdd Gobaith Cymru yng Nghorwen yn 1929. Cafodd y cwmni hwn lwyfan gyda dau gwmni arall. Hwy felly oedd yr eitem gyntaf erioed i berfformio oddi ar lwyfan yr Urdd.

Cyfarwyddwyr — John F. Owen, Pentre a Bob Lloyd, Derwgoed

Actorion: Tudor Jones, Ivor Owen, Arthur Thomas, Glyn Jones, Price Hughes, Tom Rees, Goronwy Roberts, R. Ellis Rowlands, Gwyndaf Hughes, Kate Jones, Eleanor Owen, Beti W. Davies, Beryl Owen, Caereinwen Griffiths, Edward Rowlands

Rhyfeloedd

Dathliad heddwch (Rhyfel 1914-18)

Dathliad heddwch (Rhyfel 1939-45)

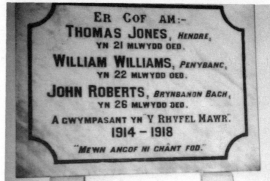

Thomas Jones, Hendre, Cwmain
gafodd ei glwyfo yn Ffrainc (1916).

Claddwyd Thomas Jones
ym mynwent Cefnddwysarn

Awst 7, 1916

Annwyl Rieni:- ....
....

Ar y 19fed o Orffennaf cawsom air ein bod i wneud ymosodiad ar Delville Wood. Yr oedd dwy fataliwn, y Gordon's a'r King's Owen wedi methu cymryd rhan oedd arnynt eisiau. Felly galwyd ar y 10th R.W.F. a'r Suffolks — y rhai olaf yn y Division — i geisio yr un gwaith. Aethom i'r coed heb golli yr un dyn. Cyn inni gael mynd i'n 'position' rhuthrodd y Germaniaid hefo'r 'machine guns'. Gorweddasom ar ein hyd, a'n Rifle a'r Bombs yn barod, a chawsom wybod ein bod ni yno yn fuan. Aethant yn ôl, ac aethom ninnau i gael gwell trefn. Erbyn 2.30 y bore yr oedd y Bataliwn yn barod "B" a "D" Company yn ymosod, a'r "A" a'r "C" Company yn ymosod (reserves). Am 3.30 y boreu agorodd gynau mawr Prydain eu genau, a hefyd y Germaniaid. Yr oedd y shells yn disgyn wrth y cannoedd bob munud . . . Gwelais amryw o fy nghyfeillion yn syrthio. Yr oedd y bwledi yn gwibio heibio fy mhen . . . Pan yn rhoddi dwfr iddo daeth Shell, a disgynnodd yn fy ymyl, a chlwyfodd fi ar yr ochr dde, gan adael darn o haearn yn fy mres.'

Milwr o Feirion
(Tomos Jones, Hendre Cwmain)

Ond pridd Cefnddwysarn arno — a daenwyd
    Yn dyner iawn drosto,
    A daw'r adar i droedio
    Oddeutu'i fedd ato fo.

Ger ei fron yr afon rêd, — dan siarad
    Yn siriol wrth fyned;
    Ni wrendyddion, ddim a ddwed
    Dan y clai nid yw'n clywed.

R. Williams Parry (1916)

Ar ddydd Angladd Tomos Dafis Cwmhwylfod

Y Marw Wrth y Byw

Rwyn nabod pob carreg a pherth a llwyn
A'r nant sy'n sisial rhwng hesg a brwyn,
'Mi droediais ffordd hyn, 'lad* bach', lawer gwaith
Ond fûm i rioed o'r blaen ar hyn o daith.'

Cyrhaeddais ben talar, bu'r gwys yn un hir
Daeth amser dihatru i'r noswyl glir,
'Rwyn eitha hapus, fe fydd yn wiw
Cael gweld Defi Daniel, a Tom a'i griw.'

'Da i ddim rownd y 'pethe' lad bach, byth mwy
Ond mi wn y byddi'n ffeind wrthynt hwy,
Bu difyr fy siwrnai, fe'i troediaist yn hy'
Ac wedi'r miri bydd cwsg yn beth cu.'

Y Byw wrth y Marw

Rhaid inni dy ddanfon yr hen ŵr mwyn
Er dy fod yn 'nabod pob perth a llwyn,
Na ni ddown ni ddim pellach nag erchwyn dy fedd
Est eisoes dy hunan drwy borth dy hedd.

Oddiyma i'r Cefn nid yw'r ffordd yn faith
Ond ni elli dy hunan wneud hyn o daith,
Fe fyddwn yn ffeind wrth y 'pethe' fel ti
Wrth Dic y ceffyl a Dan y ci.

Bydd hyfryd ailbrofi rhyw ddydd o ddaw
Dy groeso di-wenwyn a'th ysgwyd llaw,
A heno fe'th glywaf yn canu'n iach
Yn ddistaw, ddistaw, Nos da, 'lad bach'.

E. Bryan Jones, 1944

* Dywediad Tomos Dafis — 'lad bach'.

Tri fu'n gwasanaethu yn Rhyfel 1939-45:
Goronwy Roberts, Tu-hwnt-i'r-fflat
Moss Jones, Penybnac
Emyr P. Rowlands, Tŷ Hen
Hefyd Eric Evans, Pandy

E. Bryan Jones
Coedpoeth
(1911-1949)
Bu'n gwasanaethu yn
Cwmhwylfod dros gyfnod
y Rhyfel (1939-45) fel
gwrthwynebwr cydwybodol

Cynghorwyr

Robert Evans, Y.H.
(1851-1926)
Crynierth Mawr

Lewis Hywel Davies,
Caeran Isa

'Aelod o Gyngor Sir Meirion, Pwyllgor yr Heddlu, Pwyllgor Addysg, Llywodraethwyr Ysgolion Sir, ac Ysgolion Elfennol Penllyn. Mainc yr Ynadon (1914). Gwasanaethodd fel prisiwr tir a ffermydd. Blaenor Capel Cefnddwysarn. Dyn pobol ifanc a phlant. Er cyrraedd oedran teg, gwrthododd fynd yn hen. Brawd i D. R. Daniel.'

— Bob Lloyd

W. T. Rowlands, Tan-y-coed

Cynghorwr Sirol Meirion. Derbyniodd addysg mewn ysgolion yn Lloegr. Wedi marw ei dad daeth i amaethu i Tancoed, cyn ymddeol i Dref y Bala. Gadawodd swm o arian at gael ffordd o'r Sarnau i Rydywernen ac at godi Llyfrgell. Trosglwyddwyd yr arian at Goffrau Neuadd y Sarnau (1977).

Lewis Hywel Davies, Caerau Isa

Bu'n aelod gweithgar o Gyngor Sir Meirionnydd — ef oedd yr aelod ieuengaf. Trefnydd Diwydiannau Gwledig Siroedd Maesyfed, Meirion a Maldwyn. Blaenor yn Eglwys (A) Bethel. Aelod o Bwyllgorau Amaethyddol. Un o arweinyddion ei fro yn y Sarnau. Aelod gweithgar o'r Gymdeithas Gerdd Dant, a beirniad. Symud i fyw i dre Machynlleth.

Amynedd gwir fonheddwr, — yn hybu
    Diddordebau'r crefftwr
  I blant Cerdd Dant y bu'n dŵr
  A heriol gryf gynghorwr.'

Tîm Ymryson y Beirdd, Llangwm

Priodasau

Priodas yng
Nghapel Cefnddwysarn
oddeutu 1909

Yn y dauddegau . . .
priodas Ella, merch yr Hendre.

Hwyl a miri priodas . . . cario'r briodferch a'i
thad mewn hen gar llaeth (1944).

Priodas Esmor a Mona, Brenhines laeth Prydain 1956-57

Cerddoriaeth

Côr Meibion Llanfor, 1912.
Arweinydd — Dafydd Roberts.

Aelwyd Angharad (1911).
Arweinydd — Ap Gwrtheyrn.

Côr Merched y Sarnau (1936), dan arweiniad Jean Thomas, Siop Sarnau

Thomas Davies a Gwen Davies, Cwmhwylfod a enillodd ar y bedwarawd yn y Genedlaethol
gyda Thomas ac Ann Elin Roberts, Fedwarian

Williams Roberts (1816-1892)

'Mae yn debig mai William Roberts a fyddai raid ei ystyried yn 'ysgolhaig y ddinas'. Preswyliai yn y Tŷ Canol, ac ef oedd perchennog y pentre, ac yn byw ar renti ei ystad gyda chadw buwch. Yr oedd yn fanwl mewn pwyso y mintys a'r anis, yn ddadleuwr ac ymresymwr destlus. Ond yn anffodus i heddwch aelwydydd a'r Ysgol Sul rai prydiau, digwyddai fod yr unig un a gofleidiai yr athrawiaeth Arminaidd mewn ardal lle yr oedd bron bawb yn Galfinaidd, a byddai ffrwydriad bron bob amser yn dilyn ymgyrchoedd mynych William Roberts i diriogaethau diwynyddol ei gymdogion. Pan ai yr awyrgylch yn rhy lawn o drydan prynai gôt oil ac overalls a cherddai yn bybyr tra y daliai rheiny ddŵr, i Fethel at yr Annibynwyr. Ond ni fyddai raid aros yn faith nas gwelid ef yn ei hen le ar y gadair dan y pwlpud yng Nghefnddwysarn.

Yr oedd wedi cyhoeddi llyfr cerddorol yn yr Hen Nodiant a gwerslyfr mewn Cymraeg *Y Cynlyfr*.

— D. R. Daniel

Diddorol yw sylwi mai un o ardal y Sarnau a gyfansoddodd y dôn 'Alexander' sef John Roberts (1806-1879). Pan yn ddeunaw oed symudodd i fyw i Aberystwyth. Bu'n ddiwyd gyda cherddoriaeth yn y dref honno. Cyhoeddodd lyfr yn 1853, *Peroriaeth y Cysegr* sy'n cynnwys cant o donau. Yna symudodd i fyw i Aberdâr.

Traethawd o waith David Roberts, Sarnau (1875).

'Y cylch teuluaidd ydyw y cylch daearol pwysicaf sydd mewn bod. Ynddo y mae y cymeriad a'r fuchedd yn derbyn gogwyddiad a'u ffurf. Y mae llwyddiant a dedwyddwch cymdeithas yn gyffredinol yn ymddibynnu ar y modd y mae teuluoedd ein gwlad yn cael eu llywodraethu.'

Y Penteulu

'Y mae pob dedwyddwch teulu yn ymddibynnu i raddau eang ar y penteulu. Efe sydd i ofalu am gysuron tymhorol y teulu, efe sydd i lywodraethu y teulu; ac efe sydd i ofalu ar fod y teulu yn derbyn addysg briodol, yn dymhorol, ac ysbrydol.'

David Roberts — *Elfennau Dedwyddwch Teuluaidd*

Cymdeithas y Llawrdyrnu

Tôn 'Arwelfa' (John Hughes)

Dedwydd ydyw hwyrnos gaeaf
Mewn cymdeithas lawen iach,
Llwyfan dysgu glân dianaf
Neb rhy fawr, a neb rhy fach.
Coder eto ddinasyddion
Yn ein cymoedd lawer un,
Ac os aur yw bryniau Meirion,
Ti raid buro, ti dy hun.

— Llwyd o'r Bryn

Cymdeithas
Llawr Dyrnu'r
Sarnau

*

Ionawr—Mawrth, 1936.

*

Tocynnau—Pris 6c.

*

JEAN THOMAS, Ysg.

Canu Cân y Gymdeithas
y tro cyntaf ar ben
Y Berwyn, 1936

Pwyllgor Sefydliad y Merched

Eisteddfod y Llawrdyrnu, Cydrhwng Sarnau a Glanyrafon.
Archdderwydd — Llwyd o'r Bryn
Cân y Cadeirio — Rhiannon V. Jones
Plismyn — Frank Hughes a Frank Jones
Y Bardd Cadeiriol — Y Parch. Robin Williams
Hogyn yn sefyll — Gerallt Ll. Owen
Hogyn yn y gynulleidfa — Geraint Ll. Owen
Annerch y bardd — H. Lloyd Owen, J. Morris Williams, D. Lloyd Jones
Y Gadair — Model fechan o goed o'r gwrych!

Aelodau o Glwb Ffermwyr Ieuanc y Sarnau 1965

Dau hogyn o'r ardal,
Geraint a Gerallt Lloyd Owen
Mehefin 1947

Baner Adran yr Urdd (1928)
a ddefnyddiwyd yn seremoni
Eisteddfod Corwen yn 1929

Tŷ Cyntaf, Tŷ Canol a Thŷ Pella, Cefnddwysarn.
(Lle mae man parcio'r capel yn awr — tynnwyd i lawr yn y chwedegau.)

Picnic wrth Lyn Caereini, 1938

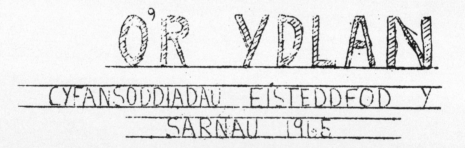

O'R YDLAN

CYFANSODDIADAU EISTEDDFOD Y SARNAU 1965

Sylfaenwyd Cymdeithas y Llawrdyrnu yn y flwyddyn 1935 gan G. W. Pugh, Ysgolfeistr a Bob Lloyd. Cynhaliwyd ei chyfarfodydd bob pythefnos yn ystod tymor y gaeaf. Llywydd y Pwyllgor oedd — John Prei Jones, gyda Emlyn Davies yn Drysorydd a Jean Thomas yn Ysgrifennydd.

Cynhelid Eisteddfod Y Sarnau yn flynyddol gan gychwyn yn y flwyddyn 1931. Y Testunau yn agored. Yn y flwyddyn 1941, testun yr Englyn oedd 'Gras o Flaen Bwyd'.

> O Dad yn deulu dedwydd — y deuwn
> A diolch o'r newydd,
> Cans o'th law y daw bob dydd
> Ein lluniaeth a'n llawenydd.

> — W. D. Williams (1941)

Yna daeth Eisteddfod y Tai i fri. Rhannwyd yr ardal yn dri thîm, i gystadlu yn erbyn ei gilydd. Aeth yr eisteddfod mor fawr, fel y bu rhaid yn ddiweddarach gynnal noson ychwanegol i'r Babell Lên.

Argraffwyd cylchgrawn arbennig *O'r Ydlan*, i gynnwys cyfansoddiadau yr eisteddfod, o 1957 ymlaen.

Cydnabod Beti O. Evans am ei gwasanaeth yn
cyfeilio i'r Eisteddfod am 40 mlynedd.

Eisteddfod Genedlaethol Bangor 1943

Adolygiad ar gyflwr cymdeithasol presennol unrhyw ardal yng Nghymru: 1af, Sarnau.

Beirniadaeth Mrs R. Silyn Roberts:

'Mantais i ardal y Sarnau oedd rhyw fath ar uned gymdeithasol fechan, yn gyflawn ynddi ei hun, a phawb yn adnabod pawb arall, a phwysicach na dim pawb yn ffrindiau a digon deallgar i wybod beth oedd ei eisiau mewn ysgrifen ffrwyth eu hymchwiliad.'

Beirniadaeth Alun Oldfield Davies, cyd-feirniad:

'Nid canu corn gwrthrychol sydd yma, ond disgrifiad gwrthrychol, a beirniadaeth lle y teimlir fod angen. Gwyrth oedd medru cysylltu llafur cynifer mewn un arolwg. Mae'r ymdrech hon yn gwir deilyngu'r wobr.
Cefais cymaint o flas arno nes codi awydd ynof i ymweld ag ardal y Sarnau.'

W.E.A.

Sefydlwyd Cangen o'r W.E.A. yma yn yr ardal yn 1937. Dewiswyd ein hysgolfeistr, I. B. Griffith yn athro am y tair mlynedd cyntaf. Testun — 'Llenyddiaeth y Beibl'. Dosbarth o ffermwyr hen ac ifanc. Athrawon eraill oedd Tecwyn Ellis, W. D. Williams a W. E. Cleaver. Yn 1943 dyrchafwyd y dosbarth yn 'Ddosbarth Allanol dan nawdd y Brifysgol', gyda'r Parch. Euros Bowen, Llangywair yn athro.

Dathlu 50 mlwyddiant
Cymdeithas Llawrdyrnu
1935-1985
Dwysan Rowlands (llywydd 1985)
a Gwyneth Williams (ysgrifennydd 1985)
yn torri'r gacen yn ystod swper dathlu,
gyda chant o'r aelodau yn bresennol,

Enillwyr o'r fro hon yn Eisteddfod Genedlaethol y Bala, 1967. Ernest Roberts (Llyfr taith), Eilir Rowlands (Crefft), Dwysan Rowlands (Casgliad beirdd bro), W. J. Williams (portread o fro), Nansi Pritchard (Rhaglen deledu), Geunor Davies (Cân werin), Alwena Owen (Celf).

Tra'n Ysgolfeistr yng Nghroesor, daeth hiraeth ar Ivor Owen am ei hen ardal.

Pentymor

Mae'r Hydre'n nawr ym Mhenllyn
Ýn llosgi'r coed a'i nwyd,
A minnau'n torri 'nghalon
Ynghanol creigiau llwyd —
Y creigiau moelion llwyd.

Mae lloergan naw nos olau
Uwch meysydd ŷd y Cefn,
A minnau'n drist fy ysbryd
'Mysg trumau gwyllt didrefn —
Y trumau brwnt didrefn.

Mae gwrychoedd yn y Sarne
A chloddiau cynnes clyd,
Ac o rwyf wedi blino
Ar grawiau cul o hyd
A cherrig oer o hyd.

Mae Bechgyn Cefn yn eistedd
Ar wal y ffatri'n rhes,
A mi fan yma'n unig
Rhaid imi ddod yn nes —
Rhaid im gyflogi'n nes.

— Ivor Owen, 1937

Y Fro

'Duw a'm gwaredo, ni allaf ddianc rhag hon.'

— T. H. Parry Williams

'Os nad yw dyn yn caru y fro a'i magodd
Mae rhywbeth mawr wedi digwydd yn rhywle.'

— Llwyd o'r Bryn

Hen anedd-dai ardal y Sarnau

Casglwyd gan Richard Owen, Pen-y-bryn, Sarnau, Ionawr, 1940.

Dechreuwn yn y rhan agosaf i'r Bala.

Meloch : Tŷ ar fin yr afon heb ddim ond llwybr rhyngddo â hi. Ellis a Betsen Huws oedd y rhai olaf i drigo yno.

Glanrafon : Tŷ am y ffordd a Garth Cynlas. Ifan a Gwen Dafis oedd y teulu olaf i fyw yno.

Llidiard y Groes : Tŷ am yr afon a Glanrafon. David a Sarah Davies, Tŷ'r 'Sgoldy, Cefnddwysarn, fu yno olaf, mae cerrig y ddau le wedi eu cario i'r ffordd yn bur ddiweddar.

Tan-y-foel : Ar fin y ffordd i Faesyfedw, ym mhen ucha tir Hen Hafod. Un o giperiaid y Rhiwlas oedd y trigiannydd olaf yno.

Ty'nyrardd : Wrth lidiard terfyn Cynlas a Chynlas Bach, mae rhan o'r sylfaen yn aros eto. Un o deulu Wm. Roberts fu'n byw yn Nhy Capel, Cefnddwysarn, oedd yr olaf i fyw yno.

Ty'nbont : Am y ffordd a phont Cynlas Bach yng ngolwg Cefnddwysarn. Bu Owen T. Jones (mab Tyisa) yno ym ychydig wedi i Griffith Hughes a'r teulu symud i ffermio Rhydlise.

Ty'nyfoel : Yng Ngodre Foel Crynierth Bach. Un o'r enw Cadi Sion fu'n byw yno olaf.

Dolgarnedd : Dau dŷ yn nghongl uchaf Dôl Coed y Bedo o fewn ergyd carreg i Sarn y Pandy. Daniel Jones, Rhydlise, oedd yr olaf i fod yn un ohonynt, ag un o'r enw Huw Jenkins yn y llall. Yn un o'r ddau dŷ yma y mae hanes yr wylnos olaf i gael ei chynnal yn yr ardal.

Ty Bach neu Cwmonnen Bach : Rhwng Creigiau Ucha a Chwmonnen. Yr hanes olaf i'w gael am hwn yw iddo gael ei arfer fel beudy, ond mae'n amlwg iddo fod yn dŷ.

Cwmhwylfod Bach : Ar dir Cwmhwylfod gyferbyn â'r Pentre. Mae coed eirin eto i nodi y lle y safai arno.

Dolgau : Ar Ffridd Llwyniolyn, yn agos i'r mynydd. Codi waliau y tyddai y preswylydd, byddai yn cadw uwch yno.

Y Foty : Yng nghongl un o ffriddoedd Maldwyn Morris. Nid oes hanes iddo gael ei arfer fel beudy. Hefyd ng ngwaelod un o'r caeau ar gwr y Rhos mae coed eirin yn tyfu, ac amlwg i dai fod yno. Mae olion gerddi ger y lle.

Pentre : Ceir bod tri o dai wedi bod ym, muarth Simon Davies, o bosibl mai dyna'r rheswm y'i gelwir "Pentre tai 'ny Cwm." John a Gras Ifans fu'n byw yn un ohonynt, a daethant i gadw siop i'r Sarnau wedi hynny.

Cedwid Siop Botiau yn un o'r ddau arall gan un a elwid "Robin trwyn budr." Mae platiau wedi eu prynu yn y siop ar gael heddiw.

Crydd oedd yn byw yn y llall ; mae y 'labston,' ac arni yn gerfiedig, "I.R., 1821," ym meddiat Simon Davies.

Fron-newydd : Dau dŷ ar dir Tafolog wrth lidiard mynydd y Pentre. Yr oedd dwy neu dair o chwiorydd yn byw mewn un tŷ. Buont yn byw yn Nhy'nbont, Cefnddwysarn, a dywedir i dalcen y tŷ ddod i lawr arnynt yn eu gwely, ac i'r chwaer oedd yn rhydd fynd i ymofyn Ellis Dafis, Ty'nycoed, i glirio'r cerrig i gael y llall yn rhydd. Sarah Richards, neu "Sarah y foch fawr," y gelwid un ohonynt, a chai y cymeriad o fedru "rheibio" neu "witsio."

John a Marged Roberts oedd yn byw yn y tŷ arall, hi yn chwaer i Betsen Ifans a fu'n byw ym Mhen-y-Cefn. Byddai John yn gwneud ysgubau llincs a'u gwerthu.

Tafolog : Am yr afon â Fron-newydd ryw led cae yn nes i odrau'r foel ac yn wyneb haul. Edward a Jini Llwyd oedd enwau y rhai fu'n byw olaf yno.

Llwyn-crwn : Dau dŷ ar dir Coed-y-Bedo yng ngolwg y Pandy, ond beudy yw yr hanes olaf geir am danynt.

Ty'ndrws : Tŷ ym muarth Coed-y-Bedo. Yno y ganed ac y magwyd Mari Tomos fu'n byw yn Erwfeirig.

Ty Newydd : Dau dŷ yng nghae Pen'rallt yn ymyl ffridd Coed-y-Bedo, yng ngolwg y mynydd, mae ar y ffridd o fewn llai nag ergyd carreg, ddau gylch lle y byddai ymladdfeydd ceiliogod. Ceir hanes hefyd i ryw ddynes ddialgar roddi y ddau dŷ, y beudy coch, a beudy Llwyncrwn ar dân yr un noson, ac iddi, o'r herwydd, gael ei galw yn "Nansi'r Ffagl."

Pale Bach : Ar dir Pen'rallt yn yng nghesail y mynydd. Un o'r enw Moses, canwr o fri, oedd yn byw yno ar un adeg, a'i wraig oedd y fydwraig yn yr ardal.

Ty'ndrws : Tŷ ym muarth Pen'rallt. Perthynas i Moses, y Pale, oedd yn byw yno. Ceir hefyd fod Bragdy ym Mhen'rallt.

Foty Rhobet Lewis : Yn y mynydd uwch ben Tyddyn Tudur. Teiliwr wrth ei alwedigaeth oedd y tenant, ac yn dlawd. Tybiodd ei fod ar farw, ac nid oedd ganddo ar ei elw ond sgelet (*skillet*). Rhoddodd ychydig laeth yn honno, a gosododd hi ar ymyl y pentan, fel, pan a'i y gath i yfed y llaeth y byddai yn sicr o ddisgyn i lawr a thorri, ac felly ni chawsai neb ddim ar ei ôl.

Tynyfron : Yn nghwr y mynydd yn wynebu Rhydywernen. Amhosibl, hyd yn hyn, dod o hyd i hanes y rhai fu'n byw yno.

Tyddyn Bach : Tŷ ar dir y Cablyd heb fod nepell o Rydywernen. William a Gwen Williams a fuont wedi hynny yn byw yn Caerau Bach drigai yno. Yr oedd chwaer i Gwen yn byw yn y Cablyd ar y pryd, a byddai yn mynd a dillad i'w golchi i Dyddyn Bach at Gwen am fod dwr yn fwy cyfleus. Yr oeddynt yn ddiareb fel rai da am olchi.

Parc Bach : Tŷ ar fin y ffordd rhwng yr Hendre a Llawr y Cwm. Hyd y gwyddom, un o'r enw Gwen oedd y trigiannydd olaf.

Ty'nybryn : Yng nghoed Wenallt Bach. John Jones, un ag y mae amryw o'i ddisgynyddion yn y cylch eto, oedd yno olaf.

Foty Ucha : Ffermdy a'i ddrws yn agor i'r mynydd. Ymffrostiai ei berchen ar un adeg, nas gallai yr un gwr boneddig ar gefn ei geffyl amgylchu ei fuarth mewn diwrnod. Hen lanc o'r enw Dafydd Jones fu y trigiannydd olaf. Prynwyd y lle ar ôl ei ddydd gan y diweddar Lewis Jones, Tai Mawr.

Gwerni Hywel: Tŷ un-nos yn y mynydd uwchben ffridd Llwyn Onn.

Y Crynierth: Tŷ ar ffridd Tanycoed. Mae erwi bychain a gwaliau o'u cwmpas i'w canfod yno heddiw.

Ty'nyfawnog: Ar dir Tyddyntyfod. William Dafis a'i wraig Jane, merch Tyddyntyfod, fu'n byw olaf yn y lle hwn; mae ŵyr iddynt o'r un enw yn byw yng nghymdogaeth Tynant.

Tyddynffrydlyn: Tai isa heddiw mae rhan ohono yn adeilad wrth ymyl y ffermdy presennol. Yr oedd dau dŷ lle sai y tŷ yn awr, yn gwynebu Rhydywernau. Bu un o'r enw Robert yn byw yn Tyddynffrydlyn unwaith Cyd-oesai a "Moses y Pale" y soniwyd am dano yn flaenorol. Robert oedd y cerddor gorau, ond Moses ragorai fel canwr. Arferai "Stephen, Tanymarian," gyrchu yno pan oedd yn y Bala. Symudodd oddi yma i fyw i Landderfel.

Bryn-du: Ar dir Tai Isa eto. Beudy wehr yno heddiw, ond amlwg yw y bu dau dŷ yno un adeg. Dafydd ag Aels oedd enw y rhai fu'n byw yn un ohonynt, ac un o'r enw Elin Jones yn y llall.

Symudwn yn awr i'r ochr arall, i fynydd Creini.

Brynffynnon, neu Tŷ Clap ar lafar gwlad: Ar dir Tyddyn Sgubor. Ei ffurf mae'n fwy na thebyg barodd i'r enw yma gael ei roddi arno. Edward a Betsi Llwyd oedd y rhai olaf i fyw yno. Buont yn byw yn y Bala yn niwedd eu hoes.

Down bellach i Bethel.

Tŷ Capel: O dan yr un tô a'r hen gapel; bu yno siop hefyd am gyfnod. Robert a Jane Williams, merch William Dafis, y Crydd, oedd yn byw yno. Magwyd ganddynt deulu lluosog, mae amryw ohonynt yn fyw heddiw. Arferent gadw buwch. Yr oedd y beudy a'r ystabl ym mhen arall y capel, a gweithdy crydd hefyd.

Dau dŷ arall rhwng tafarndy "Boot" a'r hen efail. Bu William Dafis, y Crydd, yn byw yn un, a Huw Dafis, y Gôf, yn byw yn y llall, a bu Dafydd, ei fab, yno ar ei ôl yntau.

Foty Gregin: Uwchben Bethel ar gwr mynydd Creini. Clocsiwr oedd yn byw yn y lle hwn, a chai ddigon o waith i ennill ei fywoliaeth.

Cawn fod yna dŷ hefyd ar fynydd Creini heb fod ymhell o Foty Gregin, a chraig syth yn gwasanaethu fel mur cefn iddo. Mae cafn mochyn wedi ei naddu o garreg wedi ei ddarganfod yn ddiweddar ar y lawnt o flaen y tŷ. Cawn hanes am un nad oedd ei chymeriad yn ddifrycheulyd yn byw yno ar un adeg.

Caerau Bach: Ar dir Caerau Ucha ar fin yr hen ffordd dyrpeg. Dau dŷ. William a Gwen Williams oedd bron y rhai olaf fu'n byw yn un. Bu John, mab John a Marged Roberts y Fron Newydd yn un ohonynt am ychydig.

Pen y Banc: Ar dir Caerau Ucha eto. Nid ydys hyd yn hyn wedi dod o hyd i hanes y rhai fu'n byw yno.

Y Garth: Ar dir Ty Ucha gyferbyn ar "Caerau Bach." Saer coed o'r enw Dafydd Jones oedd yn byw yno; defnyddiai gryn lawer o bwti yn ei waith. Byddai hefyd o dueddi wawdlyd. Digwyddodd un tro i laslanc o'r ardal ddod heibio wedi dod adref o Sir Amwythig o'r cynhaeaf yd. Yr oedd amryw ddynion yn y gweithdy, a gofynnodd y saer i'r llanc, "Beth oedd rhyw hogyn fel ti yn ei gael i'w wneud yno Jac?" Ar ateb parod oedd, "Gwneud bwti."

Y Sarnau: Dau dŷ o dan yr un tô a Brynffynnon. "Pen Ucha," y gelwid un ohonynt, a'r llall "Tŷ Rhobet Jones, y Crydd." Bu William a Kitty Williams, Penyffordd, yn byw yn un ohonynt, a William a Jane Richards, Ty'nybont (Bryn Llanerch, Llandrillo, wedi hynny) yno ar un adeg.

Eto: Dau dŷ a gefail y gôf, yn y cae bach o flaen lle y saif y Llythyrdy yn awr. Huw Dafis y Gôf, yn byw yn un, a Rhobet a Kitty Huws y "Ffridd" wedi hynny, yn byw yn y llall.

Yr Hen Gapel: (Lle saif modurdy Gwynfa heddiw). Yma y cychwynwyd achos y Methodistiaid yn yr ardal. Bu un o'r enw Huws Iafns yn byw o dan yr un tô a'r hen gapel un adeg. Un o sylfaenwyr yr Achos, medd hanes, ag arferai adeg Sasiynau'r Bala roddi crochanaid o lymru a phadellaid o lefrith wrth y drws i'r rhai fyddai'n myned i'r Sasiwn gael tamaid gan fod y ffordd dyrpeg yn mynd heibio'r drws. Un o'r enw Mari Dafydd, oedd yn enwog am wneud "Plastr Swineg," a'i mherch, Jini Rhobet, oedd y rhai diwethaf i fyw yno.

Ty Elin Jones: Yr ochr arall i'r hen gapel. Elin Jones a'i mab John, fu'n byw yn hwn olaf. Yr oedd dodrefn yno 45 mlynedd neu lai yn ôl.

Ty'r Crydd: Safai y tŷ hwn rhyw ddeg neu bymtheg llath yn uwch i fyny, mae rhan o'r hen fur yn aros.

Glanygors: Ar y cae o flaen Gwynfa uwchben y ffordd bresennol, mae carreg yn ymyl y ffordd a marc y tir fesurwyr arni lle y byddai y fynedfa ato. Winffra William a'i wraig Jini, a oedd yn wniadwraig dda, oedd y rhai olaf i fyw yno.

Cyn gadael y Sarnau. Tafarn oedd Brynffynnon yn yr hen amser, yma yr arferid newid ceffylau y "Goits Fawr." Nid oes ond ychydig flynyddoedd er pan gauwyd y seler; yr oedd ffynnon yn y seler.

Ty'nyfedw: Tŷ a siambar, o dan y ffordd yn cae tan tŷ Penybryn. Richard a Gwen Roberts fu'n byw yno olaf.

Ty'nycefn: Dau dŷ ar dir Penybryn eto, rhyw hanner can llath oddiwrth yr hen ffordd dyrpeg yn ymyl y twll swnd. Bu hen wraig o'r enw Beti William yn byw yn un tŷ, a William a Kitty Williams, Penyffordd, yn y tŷ arall, a hwy oedd y rhai olaf.

Y Ffridd: Ar dir y Ty Isa yn wynebu y Sarnau. Mae ystabl heddiw lle yr oedd y tŷ. Rhobet a Kitty Huws y soniwyd amdanynt eisoes ynglŷn a'r Sarnau, fu'n byw yno olaf. Bu oedd ef yn gwmon yn y Rhiwlas, a cherddai adref bob nos i'r Ffridd.

Ty'nygors: Ar gŵr waen y Derwgoed. Ceir hanes am un o'r enw Lowri, Ty'nygors, y gafodd fyw i fod yn hen iawn. Ceir lle i gredu mai mam Morris Ifans, Cynlas Bach, oedd hi. Os felly, yr oedd yn hen nain i D. M. Evans, Ty'nybryn.

Tyllwyd: Ffermdy a thŷ ar fin y ffordd o Gefnddwysarn i Landderfel yn ymyl y Mynydd Du, ac y mae olion hen gaer o fewn lled cae iddo. Un o'r enw Gruffudd Wmffre fu'n amaethu yno olaf. Bu amryw yn byw yn y tŷ arall; anhawdd cael allan pwy oedd y olaf. Yr hen ffermdy oedd yr olaf i sefyll, a John a Catrin Jones fu'n byw yno ddiwethaf. Symudasant i Tu-hwnt-i'r-fflat, Sarnau, lai na hanner canrif yn ôl.

Erbyn heddiw mae peth a gyfrifid fel campwaith wedi cwympo, a'r cewri cyhyrog yn ôl yr hanes, fagwyd yn yr hen anedd-dai, wedi eu cludo i randir anghof. Prin oedd eu cyfleusterau, caled eu byd, y cyflog yn fychan, rhyw rôt y dydd, wyth geiniog adeg cynhaeaf; mawn oedd y tanwydd. Diwyd a gofalus fuont. "Melus yw hûn y Gweithiwr."

Casglwyd ac ysgrifenwyd gan:—
RICHARD OWEN, Penybryn,
Sarnau, Llandderfel, Mer.
Ionawr, 1940.